张嘴就要赢

———— 崔洋◎著 ————

北方文艺出版社

图书在版编目（CIP）数据

张嘴就要赢 / 崔洋著 . ‐‐ 哈尔滨：北方文艺出版社，2018.11

ISBN 978‐7‐5317‐4373‐6

Ⅰ．①张… Ⅱ．①崔… Ⅲ．①口才学 – 通俗读物 Ⅳ．① H019‐49

中国版本图书馆 CIP 数据核字 (2018) 第 228594 号

张嘴就要赢
Zhangzui Jiuyaoying

作 者 / 崔洋

责任编辑 / 王金秋

出版发行 / 北方文艺出版社	网 址 / www.bfwy.com
邮 编 / 150080	经 销 / 新华书店
地 址 / 哈尔滨市南岗区林兴街 3 号	
发行电话 / （0451）85951921　85951915	

印 刷 / 天津中印联印务有限公司	开 本 / 710×1000　1/16
字 数 / 153 千	印 张 / 14
版 次 / 2018 年 11 月第 1 版	印 次 / 2018 年 11 月第 1 次印刷

书 号 / ISBN 978‐7‐5317‐4373‐6　定 价 / 39.80 元

为什么要会说话?

世间有一种成就可以使人很快完成伟业,并获得世人的认同,那就是说话让人舒服的能力。

说话似乎很简单,也确实很简单。不过有的人却只会张嘴就说,要么口无遮拦,要么口不择言,甚至还会胡言乱语。这种简单的"说",最终都无一例外,会为说话的人制造很多障碍,给要做的事平添几分阻碍。

而生活中,这样的人却随处可见,他们在语言的使用上从不用心,总是不假思索地随意发表自己的意见。诸如那些心直口快的人,那些任何情况下都直言不讳的人,那些说话不会拐弯儿、一竿子捅到底的人,那些不懂幽默、总是板着脸的人……也许他们本是一番好心,是很想把事儿办好,但就因为说话方式不对,却被扣上了各种帽子,事情也搞砸了。他们原本没想那样,但是事已至此,没人会听多余的解释,大概都会认为解释就是掩饰吧,更何况,不会说话的人解释起来说不定反而会越描越黑呢。

不会说话的人在社会上的地位，犹如一台发不出声音的收录机，虽然在不停地转动着，却丝毫起不到效果。现代社会是一个繁忙复杂的社会，通过说话这一媒介，不熟识的人可以熟识，人与人之间的隔阂可以消除，甚至单位之间、社会集团之间、国家之间的矛盾有时也可以通过好好说话得到解决，不过若是语言运用不当，就可能造成交际困难，甚至损害自身的形象。

在现代社会，说话能力是优秀人才必备的重要素质，更是当代人必备的基本能力之一。随着经济的不断发展、社会的不断进步，人与人之间的沟通交流日益频繁，说话的技巧和沟通的方式也充分凸显出其重要性。

在这个充满挑战和竞争的社会的人际交往中，是否能说、是否会说，以及语言交际相关知识和能力的掌握程度，确确实实左右着一个人的成功和失败。竞争中的机遇，很大程度上是通过"说"来实现的。

人与人之间的交流，不仅是社会活动中的重要一环，也是日常生活中的必要环节，想要更好地生活，就必须掌握说话的技巧。

说话是一门学问，更是一门艺术；它是社交本领，更是生存基础。成，在嘴上；败，亦在嘴上！不会说话的人可能会觉得社会复杂、人生艰难，而会说话的人，必然能在社会上立足！

那么，怎么才算会说话？怎么才能会说话？本书通过系统归纳、罗列总结，向读者展示良好的说话方式和方法，帮助读者构建完整的说话技巧学习体系，希望读者在读完本书后，能够在遇到僵局的时候一句话打开局面，在任何场合都能好好说话，张嘴就能赢！

第一章　张嘴就要赢　　　　　　　　　　**001**

　　说话要看对象　　　　　　　　　　002
　　说话要有重点　　　　　　　　　　005
　　激起对方的好奇心　　　　　　　　008
　　培养自信　　　　　　　　　　　　011
　　问的问题越具体，得到的回答越清晰　014
　　让对方主动和你说　　　　　　　　016

第二章　30 秒把话说动听　　　　　**019**

　　让你的话有听众　　　　　　　　　020
　　真诚地赞美别人　　　　　　　　　022
　　懂得思考换位，说话才能到位　　　026
　　良好的说话气氛很重要　　　　　　029
　　说好开场白　　　　　　　　　　　032
　　有些话可以说得夸张点　　　　　　035

第三章　5分钟聊出好交情　　　　　　　　037

跟任何人都能聊得来　　　　　　　038
不要聊别人不懂的话题　　　　　　040
说话时多提及对方的名字　　　　　042
用热情的招呼赢得好感　　　　　　044
用赞美打开缺口　　　　　　　　　046

第四章　7小时巧用幽默　　　　　　　　049

幽默"潜规则"　　　　　　　　　050
用幽默化解摩擦　　　　　　　　　053
幽默的话能够挽回局面　　　　　　056
恰当地使用幽默　　　　　　　　　059
学习幽默的技巧　　　　　　　　　061

第五章　委婉地表达　　　　　　　　　　067

说话要会转弯　　　　　　　　　　068
怎样给上级提意见？　　　　　　　071
这样说"不"才管用　　　　　　　073
批评的方法　　　　　　　　　　　078
回避对方的话题　　　　　　　　　081

第六章　好口才有大力量　　083

- 口才是立足世界的利器　　084
- 发挥口才的力量　　087
- 用舌头代替拳头　　090
- 借别人的"词"来达到你的"笑"果　　092
- 学会给对方"留面子"　　094

第七章　无往不利的说话策略　　097

- 借力用力，硬话软说　　098
- 沉默是一种智慧　　100
- "冷热水"效应　　103
- 学会转移话题　　106
- 言有尽而意无穷　　109

第八章　辩论的艺术　　111

- 以谬制谬　　112
- 据理力争　　114
- 声东击西　　117
- 就坡下驴　　120
- 攻心话术　　123

第九章　有时候"怼人"是必要的　　125

不要一味地退让　　126

攻其不备，出其不意　　129

以其人之道，还治其人之身　　133

以退为进的说话策略　　136

不要慌不择"言"　　139

第十章　说话要有"聊效"　　143

说话注意分寸　　144

别落了对方面子　　147

学会讲故事　　149

培养说话的魅力　　151

不要忘了倾听　　154

第十一章　别让好心成了"驴肝肺"　　157

直言不讳也有不好使的时候　　158

有些话得绕个弯　　160

三思而后"说"　　162

别让不会说话坏了事　　164

父母与孩子之间的沟通怎样才有效　　167

第十二章　一句话打开局面　　　　　　　　177

多说"我们"少说"我"　　　　　　　　178
这样安慰别人很有效　　　　　　　　180
不要抬杠　　　　　　　　　　　　　182
少说"砸锅话"　　　　　　　　　　　186
让你的演讲吸引人　　　　　　　　　189
以巧妙的话语让目标更快实现　　　　196

第十三章　学会察言观色　　　　　　　　　199

说话一定要谨慎　　　　　　　　　　200
出门观天色，进门看脸色　　　　　　202
不该说的话绝不说　　　　　　　　　205
莫伤和气　　　　　　　　　　　　　208
不要把自己的观念强加在别人身上　　212

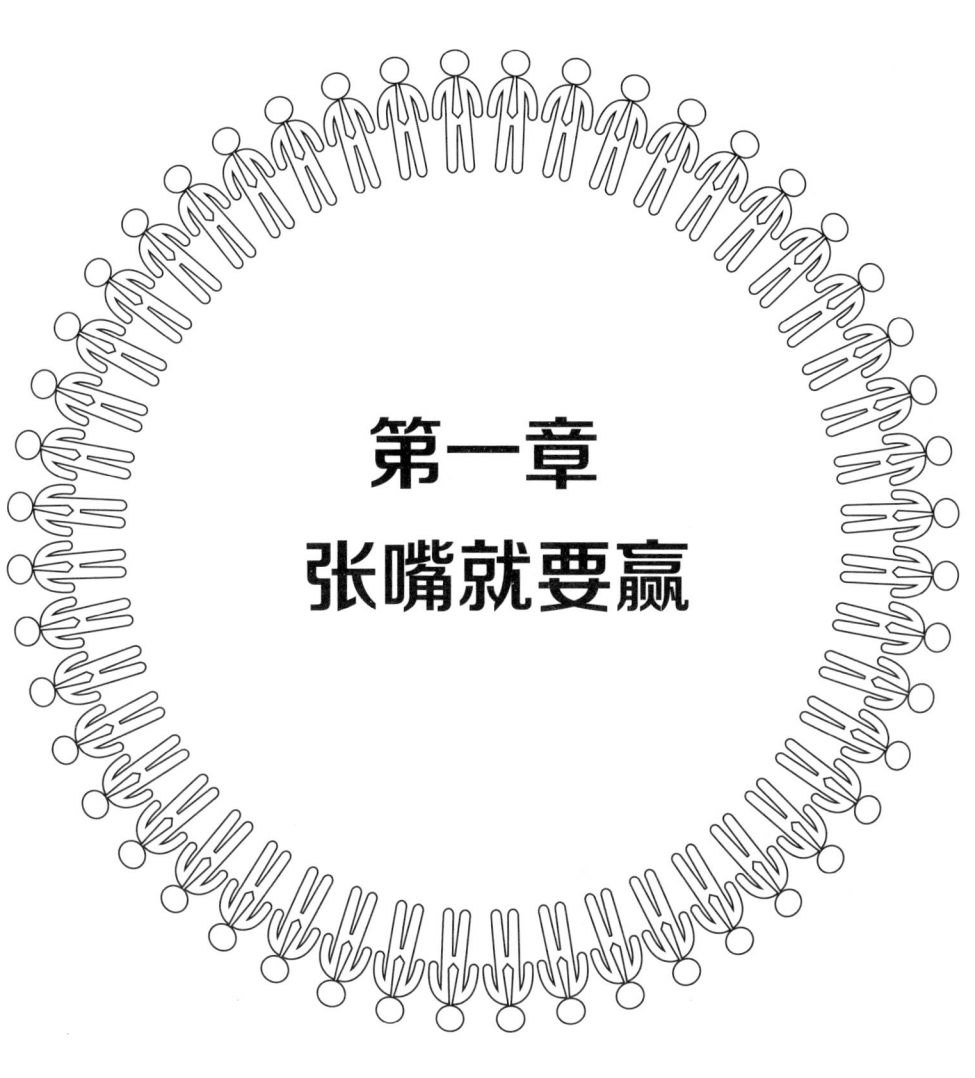

第一章
张嘴就要赢

说话要看对象

也许很多人觉得说话能力不是很重要,不是的,会说话的人在工作生活中往往扮演着更重要的角色。试想,我们在生活中遇到的揶揄,在工作上遇到的刁难,就像一把把锁住我们前进脚步的锁链,阻碍着我们的发展。巧妙地说话,不仅能起到很好的说明作用,还能起到说服作用。在别人明白你的意思之后,你的话语才能更好地说服别人。

不仅如此,在一些重要场合,优秀的说话能力还能控制形势,把控谈话的方向,避免聊不下去的可能,也更容易将自己的想法传达给别人,让他们更容易认同和接受自己的观点,拉近与对方的距离。这是社交必备的技能。

美国著名人际关系学大师、被誉为20世纪最伟大的心灵导师和成功学大师的卡耐基曾经说过:"虽然你喜欢吃香蕉、三明治,但是你不能用这些东西去钓鱼,因为鱼并不喜欢它们。你想钓到鱼,必须下鱼饵才行。"会说话的人在说服别人的时候,懂得迎合别人的喜好,说对方想听的和感兴趣的内容,而不是只关注自己想说的,这样能让对方感觉到受重视、受尊重。

青岛电视台栏目《新说法》主持人李黎就经历了和《新说法》节目的一起探索。

《新说法》从一板一眼地讲法治事件，到如今已转变为更多地关注老百姓的感人故事，以期能打动观众。而李黎，一开始栏目给他的定位是说书人，讲法治事件，多数时候是在谴责别人。那时看多了丑恶，李黎说自己也有点麻木了，整天一副说教的面孔，真就以为自己代表着正义。可是李黎也在反思：这样的节目，这样的主持人，是不是老百姓想看的？

"把心态放下来"，同事的一句话让李黎恍然大悟，主持人应该用真心说话，表达喜怒哀乐，老百姓要的是贴近他们的节目和主持人。

现在，李黎自己也做编导，去感受故事中哪些点最感人、最能打动人，然后再呈现给大家。"每个故事没有明确目的，只是想告诉大家世间还有这样的事，人间还有这样的真情。"

这样的转变，用朋友的话说就是："李黎也开始说人话了。"

每个人都有自己想谈论的东西，有的人喜欢篮球，有的人喜欢军事，有的人喜欢音乐，有的人对演艺圈的八卦新闻感兴趣，有的人对书法绘画感兴趣，有的人对烹调食物感兴趣，有的人对神秘现象着迷，等等。许多家庭主妇相见时，经常讨论的话题是物价、孩子、家庭琐事等，而商人们聚在一起则多会谈论经济或是交际应酬时的趣事。这说明不同的人喜欢讨论不同的话题。假如你对一个必须为每日三餐整日奔波的人大谈风景名胜、旅游趣事，估计很有可能遭人白眼，基础生活都成问题的人，哪还有心情和你探讨各地的风光呢？但是如果你和他谈论挣钱的方法，他必定会很有兴致！总之，每个人都有一项或是多项感兴趣的话题，会说话的人懂得根据说话对象的不同，说对方想要听的。

爱德华·查利弗先生是从事童军教育工作的，有一次，他为了赞助一名童军参加在欧洲举办的世界童军大会，急需筹措一笔经费，于是便前往当时美国一家数一数二的大公司，拜会其董事长，希望董事长能解囊相助。在这之前，爱德华·查利弗听说那位董事长曾开过一张面额100万美元的支票，后来那张支票因故作废，不过那位董事长还是特地将之装裱起来，挂在墙上做纪念。

爱德华·查利弗进入董事长的办公室后，友好地请求参观一下那张装裱起来的支票。他告诉董事长，他从未见过任何人开过如此巨额的支票，很想见识一下，好回去说给那些小童军听。董事长毫不犹豫地答应了爱德华·查利弗的请求，并将当时开那张支票的情形，详细地说给爱德华·查利弗听。董事长说完那张支票的故事后，还未等爱德华·查利弗提及经费的事，就主动问爱德华·查利弗："对了，你今天来找我，是为了什么事？"于是爱德华·查利弗就一五一十地说明来意。

出乎爱德华·查利弗意料的是，董事长不但答应了他的要求，还答应赞助五名童军去参加童军大会，并负责全部开销，另外还亲笔写了封推荐函，要求欧洲分公司的主管，提供爱德华·查理弗所需的一切服务。

如果不是爱德华·查利弗事前了解了董事长的事迹，一见面就打开了话匣子，事情恐怕就没那么顺利了。

那些能说会道、在人际交往中如鱼得水的人，往往在与对方接触的一瞬间，就能根据对方的身份找到对方感兴趣的话题，从而发起谈话。说话对象的不同，决定了整体谈话的走向不同，在与人沟通交流的过程中一定要注意把控。

说话要有重点

爱迪生说过:"最大的浪费就是时间的浪费。"你可曾想过,每个人的时间都是有限的,怎样说话才能在最短的时间内把要表达的内容说清楚?人们每天都会有自己的工作安排,因此在与他人交接或者交流工作的时候,时间是非常宝贵的,对方能留给你的时间可能只有几分钟,如果时间没长到你能够详详细细地说清楚,那你就该思考一下,如何提高自己说话的效率了。

在职场上,很多人觉得事无巨细、每件事都向上级汇报,每个细节都要让上级知道,才能突显自己的工作效率。他们只是站在自己的立场上看问题,并没有替上级想一想。很多时候,上级只能关注重要问题和事情的结果,他们分不出太多的精力去关注过程和细节,这就需要下属会挑重点汇报工作。

王小平从事销售工作,但是他说话比较喜欢兜圈子。他秉承的观念是:酒桌上好办事。因此有什么事情,他从来都不会直接说,每次他有什么问题的时候，就会约领导吃饭。

这段时间公司业务有些忙，新上了两个产品，刚刚投放市场。这本来不属于王小平的业务范围，但是他想同时做，又怕贸然提出来，领导会不同意，便决定晚上请领导吃顿饭。

中午的时候王小平敲开领导办公室的门问："张总，晚上有时间的话，请您吃个饭？"

"晚上有个应酬，有什么事吗？"

"也没什么事，就是想请您吃个饭！您看没事就不能和您一起吃饭了？"

"晚上确实有事。"

"那明晚呢？"

"明晚也有安排，这段时间晚上都有安排。"

"真不巧。"

"你到底有什么事？吃饭太浪费时间了，直说吧！"

"还真有点事，就是那个新产品，您看我们能不能兼着一块做做市场呢？"

"哦，这么点事，早说啊，你看你这劲儿费的。没问题，正想找两个老业务员摸一下市场呢！做可以，但是一定要把客户的意见反馈回来，你下午去行政部填个表就行了。"

"好，好，一定反馈回来。"

新产品提成高，王小平真没想到领导这么痛快就答应了。

有时候拐弯抹角不如直来直去来得痛快。说话挑重点，节省对方时间，是对他人的一种尊重，是一种严谨的态度。而浪费对方时间，轻则让人厌烦，重则无异于谋财害命。

挑出重点，直接切入主题，也许能让对方更容易做出决定。王小平拐弯抹角地要请领导吃饭，远不如直接说出自己的想法，节省彼此的时间。

不知道话怎么说，或者觉得直接说出来太唐突，在工作中这种磨不开面子的情况很多。其实大可放心，快刀斩乱麻，直截了当地说出来未尝不是一件好事。

一个人做事的方式、说话的技巧、说话的口气等，都能影响到他人，不管是说话还是做事，一定要抓住重点，切忌做絮絮叨叨的"祥林嫂"，重复一些没有意义的事。

激起对方的好奇心

人类有好奇的天性，一旦有了疑虑，往往非得探明究竟不可。为了在与人说话的时候激起听众的兴趣，可以故意制造悬念，经常能收到奇效。不过要注意的是，制造悬念不是故弄玄虚，既不能频繁使用，也不能悬而不解，在适当的时候应解开悬念，使听众的好奇心得到满足，而且也要使前后内容互相照应，不要让人觉得突兀。

《鲁豫有约》有一期的采访嘉宾是李宇春，刚开始的时候，鲁豫并没有把李宇春的名字说出来，而是先讲了这样一段话："我常常想，一年三百六十五天啊，一定有某一天，在世界的某一个地方，某一个人的梦想会突然变成现实。在2005年，这一年当中有几个女孩子，她们在亿万观众面前实现了自己的梦想，这其中有一个人，她因为她的帅气、她独特的魅力赢得了很多人的喜爱，她就是——"

"李——宇——春！"台下的观众异口同声地回答道。

就这样，在观众的欢呼声中，李宇春出场了。这样的效果，远比"今天我们请来的嘉宾是李宇春"要好得多。

很多人在说话或者与人交谈的时候,语言很乏味,提不起对方的兴趣,关键就是不能吊起对方的胃口。制造悬念的说话方式能让别人注意到你,认真听你说话。所以说话高手基本都不是平铺直叙地去讲一个故事,而是不断地想办法吊起人的胃口,让人想要继续听。

战国时代,魏国有一位大臣叫李悝,素以具有真知灼见而著称。有一天,魏文侯问他:"吴国为什么会灭亡呢?"

李悝立刻回答:"臣以为,吴国灭亡的原因是屡战屡胜。"

这可勾起魏文侯的好奇心了。

"屡战屡胜怎么会亡国呢?"

"屡战,国库匮乏,人民疲顿;屡胜,国王以为自己战无不胜,无所不能。骄傲的君主统治着疲惫的人民,国家怎么能不走向灭亡?"

魏文侯听完后大为折服。

李悝将对君王的规劝包含在不合常理的回答中,刚开始的时候似乎说不通,成功地勾起了对方的好奇心,后面的让人反思的规劝才能说出来,合情合理,让人深思。

有一位老教师举办讲座,不过学生们对讲座不感兴趣,会场秩序比较混乱。

于是他转身在黑板上写下一首诗:"月黑雁飞高,单于夜遁逃。欲将轻骑逐,大雪满弓刀。"

写完后他说:"这是一首有名的唐诗,广为流传,还被选进了中学课本,相信同学们都非常熟悉。大家都说写得好,我却认为它有点问题。问题在哪里呢？"

老教师说完顿了顿，看到同学们的注意力都集中到他身上了，便接着说道："这个问题等会儿我们再谈，今天，我要讲的题目是'读书与质疑'。"

被吊起胃口的学生们静静地听着老教师的讲座。直到讲座即将结束的时候，老教师才公布了答案："这首诗问题在哪里呢？不合常理。既是月黑之夜，怎么看得见雁飞？既是严寒季节，北方哪有大雁？"这样首尾呼应，既加深听众印象，又强化了讲座内容，令人回味无穷。

激起对方的好奇心并没有固定的模式，方法是灵活多变的。会说话的人能根据说话的对象和内容，巧妙地将对方的好奇心和自己要说的话连接在一起，不但能激起对方的倾听欲望，还会让对方觉得他是一个有内涵的人，能够把一些东西说得更有趣，让人们更愿意接受。

培养自信

很多人在与人说话的时候,为了让人知道自己在认真地倾听,就会不断地重复他人的话,变成一只"八哥"!

总是重复别人说的话的"八哥",自信心不足,怕别人看轻自己、认为自己什么都不懂;而会在别人话还没讲完时说"你要讲什么我已经知道了",然后提出自己看法的人,很聪明,够自信,但情商可能不够高,久而久之,别人可能不会对这样的人有任何的肺腑之言,也不愿与他分享什么。这两种说话方式常使人与人谈话的气氛出现"怪怪"的状况。

台湾著名综艺节目主持人和作家吴淡如谈到过自己在一次主持节目的时候遇到的一位"八哥"嘉宾。这位嘉宾或许是参加谈话类节目较少的缘故,不论是主持人还是别的嘉宾说什么,他都会重复他们的话,完全将那些话再说一遍,仿佛在告诉所有人:这件事我也知道呢!

这样一来,主持人和其他嘉宾的谈话就被他搞得乱七八糟,根本连接不起来。制作人也在一边摇头:"这样很难剪辑啊!"

吴淡如说自己恨不得告诉他："冷静下来,不是每一句话你都要附和!"

最后,还是制作人举起纸板要求那位嘉宾"让别人把话说完整"才算结束。

一个人的价值和存在感,不是靠着附和别人来实现的,有自己想法的人说话的时候更容易吸引别人的注意力,只知道人云亦云、没有自己见解的人,说出的话"没有东西",没有足够的分量让人重视,而说不出东西还喋喋不休的人,很难让人心生好感。

某电视台有一个论辩节目,其中一期的论题取材很不错,是当时很受关注的一件事,简单概括点说,就是群众要不要打死小偷的问题。

正反双方辩论的嘉宾也都不错,都勇于表达观点,现场气氛甚是紧张激烈。不过让人极为反感的是,主持人根本驾驭不了现场,总是在嘉宾表达最有力观点的时候,打断嘉宾的话,嘉宾再三提出"让我把话说完",美女主持人还是置若罔闻。

更可气的是,主持人不顾现场的观点导向,生硬地插进来一段她之前制作好的视频,搞得不伦不类,看得人糊里糊涂。估计她是按照自己原先的准备主持的,现场发挥的能力为零。

观众看了后非常生气："这电视台真能开玩笑,找个人云亦云的美女主持娱乐类节目还行,这等思辨类的节目,怎么也得找个有点文化的人来主持,否则以其昏昏,怎能使人昭昭!"

说白了,主持人的口才是由两方面因素决定的,一是语言表达能力,二是文化内涵。文化内涵和语言表达能力是内容和形式的关系,形式虽然重要，但它是由内容来决定的。没有文化内涵的支撑，嘴再巧，也说不出好的话来。上面那个美女主持人的表现，就是不自信的体现，迫切地想要将自己展示给观众，最后反而不讨好。

F.R.施赖勃在《人格裂变的姑娘》一书中，就有这方面的描述：

海蒂在玩字弄句方面的本事不在她玩弄窗帘和灰尘的本事之下。要说些合辙押韵的话，她简直是出口成章。她还养成一种重复别人话尾的习惯。若有人说："我得了这么一种头痛……"海蒂就要重复："这么一种头痛。"

这类人多是对自己没什么信心，才会不断重复别人的话语。"我告诉你""我知道"……这些都是人们口中的重复性话语，往往在人们不那么自信的时候冒出来。要想改变这种状况，最好的办法就是先培养自信。

问的问题越具体，得到的回答越清晰

提出问题的时候尽量做到简洁明了、言简意赅，在与人对话的过程中是非常实用的。尤其是一些比较特殊的事，一定要一针见血，否则就很容易被对方给忽略掉。那些自以为得意的"马拉松式"和"讲故事式"的提问，除了耽误时间和惹人发笑外，并没有什么益处。

访谈节目的主持人，最重要的工作就是不断地提问。但是提问难免会问及令对方尴尬的问题，比如说，杨澜采访美国前总统克林顿前，导演和制片人都说："杨小姐你一定要问问他莱温斯基的事情。"杨澜感到有些为难，即使是一位离任的总统也应得到尊重，怎么能问人家这种难堪的问题？

为了完成这个艰巨的任务，杨澜事前做足了功课，了解到克林顿离任以后建立了克林顿总统图书馆，并在图书馆里设立展厅，展示了莱温斯基事件始末。于是，杨澜就大胆地问克林顿："通常总统们在自己的图书馆里都会布置那些让他们自己感到非常骄傲的历史，但您为什么要设计这样的一个展示呢？"

克林顿不愧是一位有涵养的政治家，他直面这个问题，说他意在告诉后人美国党派之争的恶性发展。

杨澜又问道："您在自传里说过，在莱温斯基事件初期您一直是过着双重生活，什么时候您才从这种痛苦中解脱的呢？"

克林顿毫不回避地回答："因为我从小生活在一个父母离异、充满暴力的家庭里，我觉得别人不会理解我，我只能自己来处理自己的痛苦和麻烦，所以一开始我拒绝任何人进入我的空间。但是我最终决定把真相告诉我的妻子，说完之后我突然觉得我的痛苦减轻了，可以面对任何人了。"

在现实生活中，我们每天都要面临不少提问："你吃饭了吗？""你干什么呢？""这个任务你完成了吗？"……有的问题非常容易回答，而有的就不那么好对付了。那我们向他人提出问题的时候，怎样才能让对方更容易回答问题呢？你可以试着把问题简单化，给对方一个具体的问题，让对方能从你的问题中轻易做出选择。比如你跟朋友去吃饭，直接问对方"你想吃什么？"可能会让对方有点茫然，但是"想吃点辣的还是不辣的？""想吃肉还是想吃菜？"这种直接能让对方做出选择的问题则要好回答得多。问的问题越具体，得到的答案越清晰，如果想要从对方那里知道某个问题的确切答案，那就试着把问题问得更具体一些吧。

让对方主动和你说

很多人都碰到过这样的情况，当你慷慨激昂地向对方诉说或者讲述某件你认为非常有趣的事的时候，对方并没有表现出太大的兴趣，只是随便应付几句，双方也没有多少互动交流，整场谈话更像是一个人的脱口秀，这无疑让人很尴尬。

在与人聊天或者说话的过程中，如果发现对方的注意力并没有集中在你和你所说的话题上，那就得想一想，是不是这些话引不起对方的说话欲望。这时最有效的办法就是将话题转移到对方身上，让对方主动和你说与他们自己相关的事。

美国金牌推销员乔·库尔曼，在 25 年的推销生涯中，销售了 4 万份寿险，平均每日 5 份。

他幼年丧父，18 岁那年，还只是一名职业球手，后来手臂受伤，才回到家中做了一名寿险推销员。但是 29 岁那年，他就成为美国薪水最高的推销员之一。

库尔曼把自己的成功归结为"用一句具有魔力的话来改变糟糕的局面"。这句有魔力的话是"您是怎么开始您的事业的？"

库尔曼在自己的传记中写道："这句话似乎有很大的魔力，看看那些忙得不可开交的人吧，只要你提出这个问题，他们总是能挤出时间来跟你聊。"

他举了一个最典型的例子来论证自己的观点。刚开始推销工作时，他遇见了罗斯，一家工厂的老板，工作繁忙，很多推销员都在他面前无功而返。

库尔曼说："您好，我叫乔·库尔曼，是保险公司的推销员。"

罗斯："又是一个推销员，你是今天第十个推销员，我有很多事要做，没时间听你说。别烦我了，我没时间。"

库尔曼又说："请允许我做一个自我介绍，10分钟就够了。"

罗斯直接回道："我根本没有时间。"

库尔曼低下头盯着地板上放着的工厂里生产的产品整整一分钟，然后问罗斯："您做这一行多长时间了？"

罗斯回答："哦，22年了。"

库尔曼接着问："您是怎么开始您的事业的？"

这句有魔力的话在罗斯身上发挥了作用，他开始滔滔不绝地谈起来，从自己的早年不幸谈到自己的创业经历，一口气谈了一个多小时。最后，罗斯热情邀请库尔曼参观自己的工厂。那一次见面，库尔曼没有卖出保险，但和罗斯成了朋友。接下来的3年里，罗斯从库尔曼那里买了4份保险。

推销员最怕的大概就是客户怎么都不开口吧，这种情况是很正常的，人们对与自己无关的话题总是兴趣不高，而对与自己有关的话题则要感兴趣得多。会聊天的人，一定是能让对方主动说话的人，对方主动开口了，才有继续深入聊下去的可能。

第二章
30秒把话说动听

让你的话有听众

我们在乘坐公共汽车的时候，经常能听到争吵，售票员与乘客之间、乘客与乘客之间甚至乘客与司机之间都可能发生。不过一般都是因为一些小事，比如买票不及时了，售票员态度不好了，不小心踩到脚或者撞到人了，很多时候都是一句话说得不合适，就会吵起来。碰上脾气不好的，可能会没完没了地吵到下车为止，甚至还会动手。

可能有人要说："这有什么奇怪的，人与人之间有了矛盾后潜意识里就处在对立的位置，有些争吵也不为过。"但是如果大家都能注意一下自己的说话方式，那结果就会完全不同了。

在一辆公共汽车上，一位乘客坐过了站，当他反应过来的时候，十分着急地大喊："售票员下车，售票员下车。"一般的售票员听到后心里可能会不舒服，心想你自己到站了不下车，现在对着我大喊大叫的干什么。可是这位售票员并没有生气，而是笑着说道："我可不能下车啊，我下了车谁来卖票啊？"周围听到的乘客都善意地笑了笑，那位乘客也不好意思地挠了挠头笑了起来。

乘客在着急的情况下，说出的话难免会带有情绪，如果售票员直接对着来一句"早干啥去了？"，那一场争吵是在所难免的。售票员很巧妙地将话接了过来，不但自己充当了乘客的听众，也将乘客变成了自己的听众。

如果你想要把别人变成你的听众，那就要注意说话的方式，把握好说话过程中的一些细节问题，像停顿、重点、强调、说话的速度等往往容易被人们忽视，而这些方面都会在不同程度上影响说话的效果。

一般来讲，如果说话者要强调谈话的某一重点，停顿是非常有效的。试验表明，说话时每隔 30 秒停顿一次，不但能加深对方印象，还能给对方对提出的问题做出回答或加以评论的机会。

当然，适当的重复，也可以加深对方的印象。还可以用加强语气、提高说话音调以示强调，表明说话者的信心和决心，这样做要比使用一长串的形容词效果要好。

说话声音的改变，特别是恰到好处地抑扬顿挫，会使人消除枯燥无味的感觉，提高听话者的兴趣。此外，清晰、准确的发音，圆润动听的嗓音，也有助于提高讲话的效果。

在聊天的过程中，应注意观察对方，看对方是否能理解你说的话，以及对所说话的理解程度，以此来控制和调整说话的速度。在向对方介绍重点或要阐述比较看重的意见时，说话的速度应适当减慢，要让对方听清楚，并能记下来。同时也要密切注意对方的反应，如果对方感到厌烦，那可能是因为阐述得太过繁琐，说话啰唆或者一句话表达了太多的意思；如果对方的注意力不集中，可能是因为说话的速度太快，对方跟不上你的思路。总之，想要说的话能有很好的效果，就必须注意说话的方式，让你的话更有吸引力，让你的话有听众。

真诚地赞美别人

真诚的赞美是使人快乐的原动力,人们都希望得到他人的肯定和承认。如果没有赞美,人们会变得脆弱,容易受到各种不良思维的影响甚至侵扰。在别人的赞美声中,人们更容易认识到自己存在的价值,更容易获得满足感。

其实,每一个人都有自己的优点和长处,这些优点和长处正是个人存在价值的生动体现。人们一般都希望他人能看到和肯定自己的优点和长处,从而肯定自己的价值。因此,诚恳的赞美之声,总是能够赢得对方的欢心,同时也能为谈话打开局面,创造良好的气氛。

丘吉尔曾说过:"你想要一个人有怎么样的优点,那你就怎么样去赞美他吧!"这话很有道理。因为在人和人的交往中,适当地赞美能促使对方朝着更好的方向转变。

现实生活中人们总是觉得找不到赞美的理由,其实人们身上能找到的值得赞扬的地方很多。且不说优秀的、杰出的人物身上有许多闪光点,即使是普通人，也有许多优秀品质、优良品格值得去赞美。那么，赞美别人有什么技巧？应该注意什么问题？

大多数人受到别人的赞美时，除非对方说得太离谱，否则绝不会感到厌恶，有时即使明知对方说的是奉承话，心里还是免不了会沾沾自喜。

在赞美一个人的时候，可以直接绕过他本人，去夸奖他喜爱的事物。比如，你如果想与一位带着孩子的母亲搭上话的话，最好的办法就是去赞美她的孩子。听到你对孩子的赞美，那位母亲一定会很愉快。如果你想从她那里打听些事情，多半会得到详尽的回复。

对于女性，大到可以赞美她的气质、才干、容貌、身材，小到可以赞美她的头发、眼睛、鼻子、牙齿、嘴唇，甚至一个别针、发夹；也可以延伸到她的房间布置、衣着、丈夫、孩子，等等。

而对于男性，更应该赞美一些他们自己引以为傲的东西或者他们本身所具有的品质、胸怀等，但不要过分地赞美一位男性的外貌，以免造成一些不必要的误会。

要赞美别人，就必须找到可赞美之处。而要找到可赞美之处，就要用眼睛去发现、去挖掘，这是能够在短时间内获得别人好感非常好用的一种赞美技巧。

1960年，法国总统戴高乐访问美国。在尼克松为他举行的宴会上，尼克松夫人费了很大的心思，布置了一个很漂亮的鲜花展台，一张马蹄形的桌子中央，鲜艳夺目的热带鲜花衬托着精致的喷泉。

精明的戴高乐将军一眼就看出来，这是女主人为了迎接他的到来而精心设计的，不禁脱口称赞道："夫人为举行这次宴会，一定花了很多时间来进行布置吧！"

尼克松夫人听后十分高兴，事后她对朋友说："大多数来访的大人物，要么不加注意，要么不屑因此向女主人道谢，而他（戴高乐）却总是能想到别人。"

这种从细节处赞美别人的方式，不仅要讲究技巧，还要注意一些原则，否则不但没能拉近双方的距离，反而会引起别人的反感。

赞美的话一定要坦诚得体，赞美的首要条件，是要有一份诚挚的心意及认真的态度。言辞最能反映出一个人的内心世界，轻率的说话态度，会让对方产生不快的感觉。所以赞美不能太离谱，太离谱的赞美就变了味儿，会让人觉得虚伪。

初次与人见面的时候，尤其需要把控赞美的力度，适当的赞美是有礼貌、有教养的表现，不仅可以获得他人的好感，还可以和对方在心理上、情感上靠拢。一见面就大肆吹捧，很难让人不怀疑，会让人觉得不靠谱。

赞美也应该遵循实事求是的原则。真诚的赞美建立在客观事实的基础上，是一种真情的流露，旨在使人快乐。与人进行感情的沟通，需要选择适当的措辞，千万不能夸张，也不能太过分。不要夸张，就是说赞美的话应该朴实、自然，不要有太多修饰的成分，不要夸大其词。不要过分，则指的是赞美的话要适度，有的话赞扬一次两次会使对方感到愉快，但如果一味地反复强调，也许别人就会怀疑你的动机了。

赞美别人还可以重点赞美对方所具有的特别的能力，当一个人很有兴趣地谈到他的专长，或他所取得的成绩，或他所开展某项业务的辉煌时，你可以挑出对方让你敬佩的能力和对方特别愿意展示给他人的亮点加以赞美。

总的来说，赞美别人要做到热诚具体，深入细致。经常听到有人赞美别人"你这个人真好""你这篇文章写得真好"等，究竟好在哪里，好到什么程度，好的原因又何在，不得而知。这种赞美的话显得很空洞，会让人觉得这不过是客气话。比如赞美一个人穿的衣服漂亮，不妨这样说："这件衣服穿在你身上很合身，颜色鲜艳，人显得精神多了。"细节到位了，又显得很真诚，能够让对方感觉到。

美国社会心理学家海伦·H.克林纳德也认为，正确的赞美方法是把赞美的内容具体化，更是明确提出了三个基本因素：你喜欢的具体行为；这种行为对你的帮助；你对这种帮助的结果有良好感受。有了这三个基本因素，赞美的话才不至于笼统空泛，才能使人产生深刻的印象。

懂得思考换位，说话才能到位

遇到冲突，思考解决办法的时候，多站在对方的角度去想一想，能让你更清楚地知道说什么话才合适。

卡耐基在1912年创立了卡耐基训练班，以教导人们人际沟通及处理压力的技巧。他每季都要租用纽约某家大旅馆的大礼堂20个晚上，用以讲授社交训练课程。

有一次他做好授课的准备后，却忽然接到通知，旅馆的经理要求上涨礼堂的租金，而且价格是原来的三倍。当时课程的入场券都已经印好，而且早就寄出去了，其他开课的事宜也都已办妥。卡耐基只能去和旅馆经理交涉，想让对方做出让步。

他对旅馆经理说："我接到你们的通知时，真的是有点震惊。不过，这不怪你，假如我处在你的立场，或许也会做出同样的决定。你是这家旅馆的经理，你的责任是让旅馆尽可能得到更多的利润，如果你不这么做的话，经理职位可能就不保了。假如你坚持要增加租金，那就让我们来估算一下，这样做对你到底是有利还是不利？

"先讲有利的一面：大礼堂不租用作讲堂而是租给举办舞会、晚会活动的单位，那你必然可以获得较高利润。因为举办这一类活动的时间并不长，所以他们愿意一次付出高额的租金，比我一晚能支付的金额当然要多得多，租给我，显然你吃大亏了。

"再来说不利的那一面：首先，你增加我的租金，其实是降低了你的收入。因为这实际上等于你把我赶走了，我付不起你所要的三倍租金，肯定只能搬到别的地方去。有一个对你很不利的事实是，这个训练班将吸引成千上万的有文化素养的中上层管理人员到你的旅馆来听课，对你来说，这难道不是个不用花钱的活广告吗？事实上，你花5000美金在报纸上刊登广告，也不一定能邀请到这么多人亲自到你的旅馆来参观，可我的训练班学员却被邀请来了，这难道不划算吗？"

讲完这番话后，卡耐基说："请仔细考虑后再答复我。"最终，旅馆经理让步了。

卡耐基在成功改变旅馆经理想法的过程中，没有谈到一句关于他要什么的话，他是站在对方的角度展开对话的。可以设想一下，如果他怒气冲冲地跑到旅馆经理办公室，扯着嗓子大叫："这是什么意思！你知道我把入场券都印好了，而且都已经寄出去了，开课的相关事项也准备就绪了，你却要三倍的租金，你不是存心整人吗？三倍租金！好大的口气！你有病吗？我才不付呢！"如果真是这样，即使他占着理，旅馆经理大概也不会低头，甚至会跟他直接"拜拜"。

设身处地地替别人想想，了解别人的想法，比单纯为自己的观点和对方争辩要高明得多。我们在表达自己意见的时候,经常不能确定自己的想法是否会被别人接受,总是觉得如果自己的想法直接被别人否定了,那么接下来的对话和行动一定会更加困难,所以我们总想得到别人的支持,想让别人认同自己的想法。那么在说话前,多站在对方的角度想一想,是很有必要的。

良好的说话气氛很重要

为什么说良好的说话气氛很重要？说话时的氛围对聊天的结果有没有影响？答案是肯定的。人与人之间的沟通交流难免会因为思维方式的不同和生活习惯的差别产生误会。如果聊天时的气氛变得尴尬或者带有火药味儿，而对话双方又不及时处理的话，后果还是挺严重的。

"不对，我根本听不出你的话有什么道理""这你可说错了""在你看来可能是那样，但事实毕竟是事实"或"根本不像你讲的那样"这一类的话，基本上没有多少人会喜欢听，这类直截了当地反驳别人的话，很容易让说话气氛变得紧张。

有个很善于做皮鞋生意的人，别人卖一双，他往往能卖几双。当别人向他请教推销诀窍时，他笑了笑说："要善于把控说话时的气氛，不要因为顾客提出的产品缺点让对话变得有情绪。"

然后他举例说："有些顾客来买鞋子，总是东挑西拣到处找缺陷，把皮鞋说得一无是处。顾客总是头头是道地告诉你哪种皮鞋最好，价格又适中，式样与做工又精致，他们表现得像这方面的专家一般。你若与之争论是毫无用处的，他们这样评论只不过是想以较低的价格把皮鞋买到手。

"这时，你不能进入他们营造的紧张氛围中，你要缓解气氛，告诉他们鞋子除了这些缺点外，还有很多可以弥补这些缺点的优点。比如你可以先夸赞对方确实眼光独特，很会挑选鞋子，自己的皮鞋确实有不足之处。然后说尽管皮鞋的式样并不新潮，但是这是当时我们考虑到平衡性专门设计的；鞋底虽然不是牛筋底，踩不出响声，不过鞋底比较柔软，穿着更舒适，脚也不容易受伤……在说出不足的同时，对鞋子的优点赞扬一番，也许这正是他们瞧中的地方呢。顾客花这么大心思来指出鞋子的种种不是，不正表明他们其实很喜欢这种鞋子嘛！你要做的其实是把他们带到正常的说话气氛中来，完成交易是水到渠成的事。"

如果想要推进某项事情，在与对方的沟通交流中，一定要注意把控说话时的气氛，良好的说话气氛能够促使事情朝着更好的方向发展，也能保障事情不会朝着更坏的方向发展。

一位营销人员，在市场上推销灭蚊剂，他滔滔不绝的演讲吸引了一大群顾客。

在他绘声绘色的演讲过程中，突然有人向他提出了一个问题："你敢保证这种灭蚊剂能把所有的蚊子都杀死吗？"

这位营销人员机智地回答："不敢，在没打药的地方，蚊子照样活得很好。"

这样的回答让本来因为那个问题比较冷场的气氛瞬间活跃，人们在轻松的氛围中，带着笑意向营销人员购买自己所需的灭蚊剂。

这种机智又幽默的语言在营销活动中的应用，不仅可以营造轻松活泼的气氛，还为营销工作的开展创造了良好的环境。双方的对话本身就成了一种极具艺术性的广告语，给人们留下深刻印象。所以在遇到比较冷场的说话气氛时，可以尝试着把要说的话说得委婉一些、诙谐一些，比直截了当地说出一些比较硬的话效果要好得多。

在调节说话气氛的时候要注意用语简洁，以简单明了的语言把尽可能多的信息传递给对方。无论是谈生意还是推销产品，都要突出要点，让对方能够听懂记住。如果说的话颠三倒四还反反复复，啰啰唆唆又言之无物，不仅让人抓不住重点，还会让人觉得你在浪费他的时间，引起对方的反感。简洁的语言，不但是交际的需要，也客观反映了一个人的职业素质。

说好开场白

俗话说得好,好的开始等于成功了一半。

会聊天到底有重要,可能从事销售行业的人最清楚。很多做销售的朋友抱怨自己的工作不好做,有时候跟客户还没说上几句话,对方就表示没兴趣。事实上真正的原因是,很多推销员并不注重自己的说话方式。往往才说两句,客户就没有听下去的兴趣了。既然想让客户购买东西,说的话就得提起他们的兴趣,要让他们愿意听。

20世纪60年代,美国非常成功的销售员乔·吉拉德,有个非常有趣的绰号,叫作"花招先生"。他拜访客户时,会把一个计时3分钟的计时器放在桌上,然后对客户说:"请您给我3分钟,3分钟一过,如果您不想听我再继续讲下去,我就离开。"

他会利用计时器、闹钟、一定面额的钞票及各式各样的花招,使他有足够的时间让客户有耐心听他讲话,并对他所卖的产品产生兴趣。

客户是购买想法、观念、物品、服务或产品的人,在与客户的谈话中,应该把客户的利益与自己的利益相结合，带领客户了解问题，帮助客户做出选择，而如果想让客户觉得你是那个可以帮他解决问题的人，那你说的话就应该让客户感觉到这一点，好的开场白就显得非常重要了。

美国某图书公司的一位金牌女推销员总是从容不迫、平心静气地以提出问题的方式来接近顾客。

"如果我推荐给您一套有关个人效率的图书，您打开书发现内容十分有趣，您会读一读吗？"

"如果您读了之后非常喜欢这套书，您会买下吗？"

"如果您没有发现其中的乐趣，您把书重新塞进这个包里给我寄回，可以吗？"

这位女推销员的开场白简单明了，使客户几乎找不到拒绝的理由。后来，这三个问题被该公司全体推销员采用，成为与顾客接触时的标准开场白。

开场白的设计一定要简单，在开场白成功吸引了客户的注意力之后，紧接着就要用最简洁的话将要说的核心内容表达出来。

如果客户问你："为什么我应该放下手边的事情来听你介绍你的产品呢？"

这时候你的回答应该在很短的时间内让客户明白你要说的重点，尽可能地吸引对方的注意力。

要设身处地站在客户的立场问自己，为什么他们应该听你说，为什么他们应该将注意力放在你的身上，怎样保证自己不是在浪费对方的时间。

好的开场白还要能让客户继续提出问题，当你说完你的开场白以后，如果客户对你说，你详细给我介绍一下这个东西，或者询问你从事的行业的具体事务，这就表明客户已经对你说的话产生了兴趣。如果在你说完后客户并没有任何反应，仍然告诉你没有时间，或是没有兴趣，那你需要快速地重新组织一下自己的语言，想办法继续将谈话进行下去。

好的开场白能够吸引住说话的对象，让对方对你要说的话感兴趣，当对方愿意听你说、愿意跟你说的时候，你才有机会将想要传达给对方的东西传达给对方。

有些话可以说得夸张点

在大多数情况下,夸张并不是一个褒义词。夸张的形容,夸张的表演,夸张的表情……都是说一样东西过了头,给人不好的感觉。说话也是一样,说的话不能太夸张,但是说话方式可以略带夸张,将平淡的话稍加修饰再呈现给他人,往往能使要说的话更吸引人。

古代有个在集市上卖鼓的人,他的摊位所在的位置并不好,没有多少人光顾他的生意,他隔壁摊位卖牛肉的老乡生意也不好,为了引起人们的注意,两人一合计,在摊位前面大声地聊起天来。

卖鼓的人大声说:"我家有一面大鼓,敲起来,百里外也可以听到。"得意之情溢于言表。

卖牛肉的人接着说:"这么巧,我家有一头牛,站在江南,可以吃到江北的草。"

两人的谈话吸引了很多行人驻足,卖鼓的人于是故意摇摇头,质问卖牛肉的人:"哪有那么大的牛?你在吹牛吧?"

行人中传来几声轻笑,卖牛肉的人则淡定地回答道:"没有吹牛啊,要是没有那么大的牛，怎么会有那么大的牛皮蒙你家的鼓？你家有那么大的鼓，为什么不相信我家有那么大的牛？"

这么有趣夸张的话，逗乐了所有听到的行人，有的人来到摊位前挑选自己需要的，有的人则笑着离去，将这里发生的事说给自己认识的人。于是越来越多觉得有意思的人过来看这两个摊位，买的人也多了很多。

这两个人之所以能够成功吸引行人的注意，就是因为说的话比较夸张，让人们感觉有意思，勾起了人们的好奇心。这属于把话说得夸张点让别人愿意听你说，除此之外，还可以把话说得夸张点回应别人说的话。

在冯梦龙纂辑的《三言二拍》中有一个短篇故事，讲的是关于大文豪苏东坡的事。

受家中浓厚文化氛围的影响，苏东坡家中的每一个人都有着极高的文学才华，很多人在小时候就表现出了天资聪颖的一面。苏东坡的妹妹苏小妹，正是这样一个人，小小年纪不但作得一手好诗，更有"急智"，能应付很多突发的情况。

苏东坡有一次取笑妹妹的额头高，非常夸张地吟了一句诗："香躯未离闺阁内，额头已列画堂前。"苏小妹听到后眼珠子一转，想到哥哥曾经写的"墙里秋千墙外道。墙外行人，墙里佳人笑""多情却被无情恼"等含情脉脉的诗句，又想到哥哥是个长方脸，张口吟道："去年一滴相思泪，今年方始到嘴边。"

说完后兄妹二人对视一眼，都哈哈大笑起来。

苏东坡和苏小妹的才情和智慧都让人感叹不已。生活中我们难免会遇到他人言语上的刁难与调侃，如果想要回应对方的话语，但又怕气氛变得尴尬，某些情况下完全可以将话说得夸张一点，不过夸张的力度要自己把控，不要弄巧成拙。

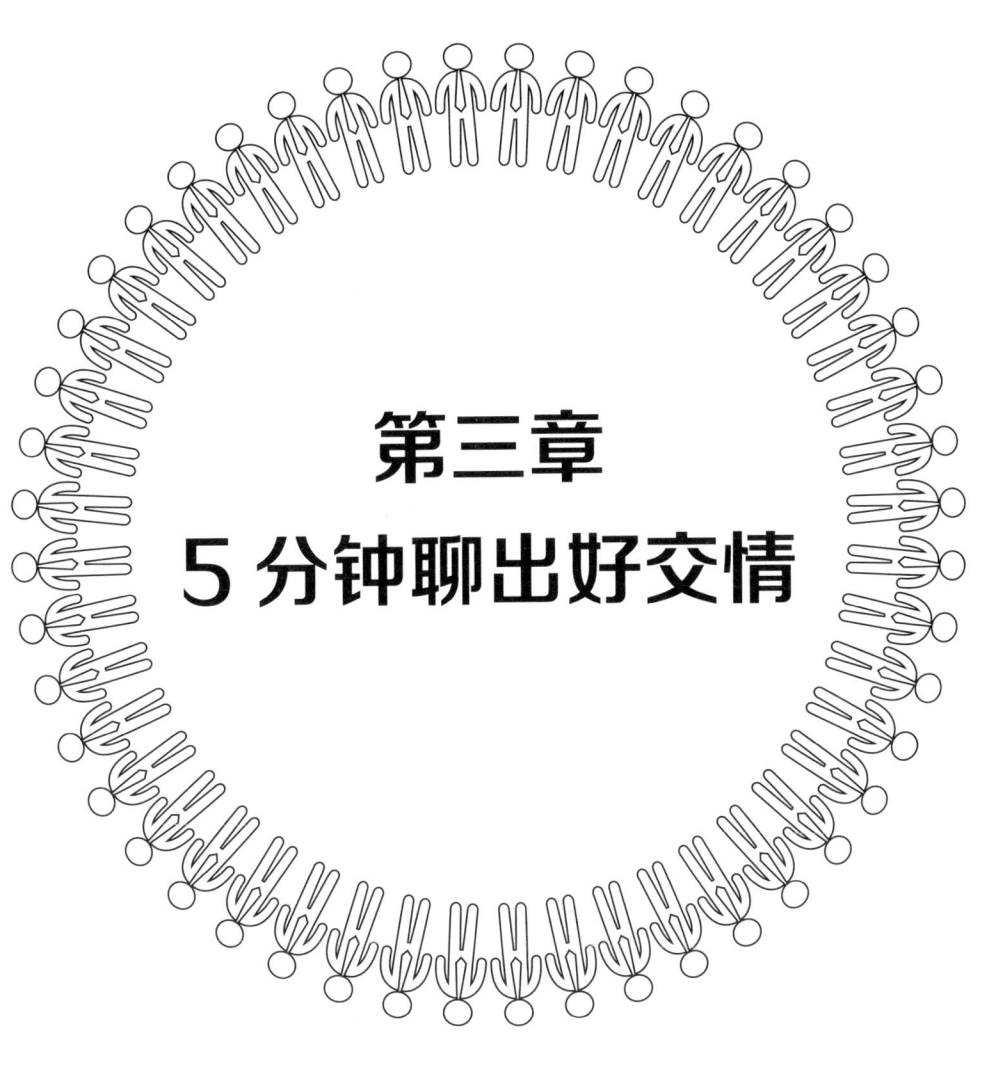

第三章
5分钟聊出好交情

跟任何人都能聊得来

在与他人谈话之前,应该先了解对方可能感兴趣的话题是什么,虽然每个人感兴趣的话题不同,但都离不开日常生活。也就是说,只要我们在平凡的生活中,保持敏锐的观察力,就能够搜罗到丰富的谈话题材,就能够与形形色色的人交谈。

美国前总统罗斯福的传记中透露,每一个被罗斯福接见过的人,都会惊讶他何以全知全能。无论是牧童、农民、工人,还是政治人物、商业巨子,都能和罗斯福聊得很投机,这究竟是为什么?难道罗斯福有什么特异功能吗?

当然不是,其实,原因很简单,罗斯福是美国历史上相当耀眼的政治人物,他深知获取人心的捷径,就是谈论这个人以为最值得谈的事。无论接见任何人,无论那个人地位高低,在前一天晚上,罗斯福肯定要预先阅读对方感兴趣的谈话资料。

他总能聊一些和对方相关的事,因此见过他的人,对他的评价都非常高。

在与人聊天的过程中，难免会有冷场的时候，学会打破冷场消除尴尬冷落的场面，能够让你在与不同的人聊天的过程中更游刃有余。打破说话冷场的方法很多，关键要看是否能够随机应变，及时发现和找到对方关心或与对方有关的事物，像对方的爱好、习惯、家人、学术成就、个人特长等，都可以作为话题。

有一位老记者去采访一位脾气古怪的科学家，到了科学家那儿，老记者注意到墙上挂着几张拍出来的风景照，猜想科学家应该爱好摄影，于是就跟科学家先聊起了构图、色调之类的。科学家兴致勃勃地拿出了他的相册，跟老记者聊了好久，后面的正式采访，科学家自然十分愿意配合，进行得非常顺利。

"酒逢知己千杯少，话不投机半句多"，与人聊天的时候要开动脑筋，多注意观察，找到与对方的共同点，切不可谈论让对方反感的话题，当你跟不同的人聊天能够做到知道该聊什么不该聊什么的时候，基本上就能够跟任何人都聊得来了。

不要聊别人不懂的话题

说话最主要的目的就是让人听懂,不能说得太乱,也不能说一些只有少数人才懂的话题。

在与人聊天交谈中,用词的准确性和恰当性对交谈结果起着至关重要的作用。因此,我们必须注重对此项环节的训练,以期能在社交场合中做到用词准确,能够做到灵活变通。

有一回,哈利·温斯顿让公司里的一位珠宝专家去为一位荷兰富豪介绍一颗昂贵的钻石。

珠宝专家详尽而细致地讲解了该钻石一流的质地、高科技的切割工艺以及各项珠宝鉴定指数。荷兰富豪听了讲解后,只是礼貌性地点了点头。等专家介绍完,他便站起身来告辞:"谢谢你,这颗钻石确实非常棒,但它并不是我想要的。"

看到荷兰富豪要走,坐在一旁的温斯顿赶忙上前拦住了他:"先生,让我再给您介绍一下这颗钻石,可以吗?"

富豪出于礼貌，便再次坐下。温斯顿从珠宝专家手中接过钻石，但他并没有用任何专业术语，而是抒发了自己对这颗钻石的无限热爱："这是我最喜爱的钻石之一，它的名字叫作'天使之心'，您看，它在阳光下是那么晶莹剔透，那么璀璨夺目，像天使一样，令人怦然心动！我想，这就是您一直寻找的想要送给您女儿的最佳礼物！"

荷兰富豪听了温斯顿的话之后，连连点头说："对，没错！就是它！"于是，这颗价值不菲的钻石，在温斯顿说了几句话之后，找到了新主人。

珠宝专家的话，不能说不好，但不带多少情感因素，对荷兰富豪来说，这并不是他想要的，他并不想了解钻石是怎么加工的。专家的话没有给他多少新鲜的感受，甚至让他感觉很无趣。对荷兰富豪来说，他给女儿买礼物，是想要找到一种能蕴含他对女儿的爱的寄托，"质地""切割工艺""鉴定指数"等反而不是最重要的，所以专家的介绍，并没有说到他的心坎上，也就没能打动他。

温斯顿的话，将在珠宝专家眼中冰冷昂贵的钻石，描绘成了美的化身，是美丽的"天使之心"。温斯顿说出了荷兰富豪想要听的话，他把这颗钻石饱含着的感情与富豪对女儿的疼爱糅合在一起，极富感染力，打动了富豪，使其改变了主意，把钻石买了下来。

在与人聊天的过程中，如果对方对你所说的话题并没有表现出多大的兴趣，甚至有所抗拒，那就应该思考一下是不是这个话题对方并不是很了解，所以兴趣欠缺。如果真是这样，你就要及时地转变话题，谈论一些双方都了解或感兴趣的话题。

说话时多提及对方的名字

在和陌生人交往的过程中,记住对方的名字很重要。牢记对方的名字,可以快速拉近彼此的距离,使对方对你产生良好印象。

熟记对方的名字,在任何时候,都是一件不能疏忽的事情。记住对方的名字,并把它说出来,相当于给对方的一种认同。

吉姆是罗斯福竞选总统时的总干事,他1899年出生在纽约,由于家境贫寒,10岁时就辍学去砖场打零工。

不过吉姆是个乐天派,没有因为生活的压力就意志消沉,他从一个童工干起,经过30年的不懈努力,在46岁那年,被四所大学授予名誉学位,且担任美国民主党全国委员会主席等重要职位,还尽自己最大的努力把罗斯福推上了总统宝座。

一个几乎没受过教育的工人,却能成为总统的左右手。这样的传奇让钢铁大王卡内基感到很惊奇,于是他向吉姆请教成功的秘诀。

吉姆的回答简单有力:"苦干!"

卡内基对这个答案并不满意,他还有些怀疑。

于是吉姆反问卡内基:"这样吧!那你觉得我为什么能成功?"

卡内基想了想之后回答说:"我知道你能叫出1万个人的名字。"

"不,不是这样。"吉姆笑着说,"我能叫出5万个人的名字。"

就是凭着这项专长,吉姆帮助罗斯福获得了总统职位。

之前在一家石膏企业担任外务员时,吉姆就已经知道一般人对自己名字的兴趣,绝对胜于世上其他的文字。如果能把对方的名字当面叫出,对对方而言是一种尊重。相反,如果把对方的名字忘了或记错,后果就难以想象了。

吉姆自创了一套记忆名字的办法:无论何时何地,只要遇到陌生人,他一定要把对方的名字问清楚。不单单是几个简单的字母,还包括对方的职业、党派、宗教、家庭状况等其他相关资料,并且把这些信息牢牢记在脑袋里,甚至回家后还像学生做功课一样,反复复习。

正是凭着这个本领,即使在多年后再遇到这个人,吉姆也能清楚地喊出对方的名字,热情地上前寒暄,并且还能说出对方有什么喜好,或是最得意的事迹。靠着这种特长,吉姆的朋友遍天下。

记住对方的名字并不是一件多么复杂的事,随时随地都可以进行,可以把他的名字和他的衣着、外貌、举止、谈吐结合起来,这样更方便记忆。

用热情的招呼赢得好感

在人际交往的过程中，热情的招呼是必不可少的一个环节，也是比较直接的能让人感觉到你的感情的一种方式。

一家生意兴隆的面包房雇用了许多女售货员。她们个个彬彬有礼，老主顾们也都很喜欢她们。其中一名女售货员尤其出色，就算顾客还在排队或正从别的售货员处付账购买，她也会微笑着看看顾客，熟练地叫出他们的名字，向他们问好。她招呼自己的顾客时更是热情周到，末了总是关切地问一句："我还能为您做点什么？"

到她这里排队付账的顾客明显比其他地方的顾客要多得多，甚至很多第一次来这家面包房的顾客，都愿意来她这边和她打个招呼。

这充分说明，即使一个人与另一个人接触的时间很短，两人的交往即使由于某些客观原因受到限制，但是如果一方向另一方表现出了足够的热情，即使由于某些客观原因受到限制，两人的沟通交流也总是会朝着积极的方向发展。反之，如果其中一方待人接物缺乏热情，将会十分让人扫兴。

一位瑞士画家来到慕尼黑观光。出了火车站,他高高兴兴地上了一辆出租车,前往早已预订的饭店。在去饭店的路上他想和司机聊聊天,于是就跟司机说:"今天总算又看见太阳了,真是个好天气!"没承想出租车司机却硬邦邦地甩下一句话:"这种天气有啥稀罕的?"画家听到这话后,瞬间就没了与司机聊天的欲望。

在与人交流的过程中,不要发牢骚,也不要把灰心失望的情绪写在脸上,不要唉声叹气,或扭扭捏捏,或一脸愠怒,或沉默冷淡,或冷冰冰、硬邦邦地答复对方。这些表现不但会破坏双方的情绪,还会让对方觉得你根本不尊重他。一定要表现出你的热情,你的热情会让他感觉到你在重视他、关心他,与他站在同一立场上;热情还表明你乐于善待和帮助他,与他携手协力,这样一来,他就会觉得与你相处或合作非常愉快。

用赞美打开缺口

美国著名图书推销高手比恩·崔西曾经说过:"人是感性左右理性的动物。若一个人的感性被真正调动了,那么,他想拒绝你,比接受你还要难。而要想迅速调动起一个人的感性,最有效和快捷的方法就是恰如其分的赞美。"

他说自己能让任何人买他的图书,而推销图书的秘诀便是:赞美顾客。

有一次,崔西到某家公司推销图书,办公室里的员工选了很多书,正准备付钱,忽然进来一个人,大声道:"这些跟垃圾似的书到处都有,你们要它们干什么?"

崔西正准备向他露一个笑脸,他紧接着一句话扔了过来:"你别给我推销,我肯定不会要,我保证不会要。"

"您说得很对,您怎么会要这些书呢?明眼人一下子就看得出来,您是读了很多书的,很有文化素养,很有气质,要是您有弟弟或者妹妹,他们一定会以您为荣为傲,一定会很尊重您的。"崔西微笑着,不紧不慢地说。

"你怎么知道我有弟弟妹妹的？"那位先生有点兴趣了。

崔西回答："我注意到您身上似乎有一种特殊的感情流露，那是一种哥哥对弟弟妹妹特有的呵护，我想，您之前刚跟他们接触过吧，他们有您这样的哥哥，真是上帝的眷顾！"

那人听了后开心得不行，拉着崔西聊了十多分钟，最后，以支持朋友的工作为由，为自己的弟弟选购了五套书。

想要做到从容自如地赞美别人，是有很多技巧的。

首先，要善于找到对方的亮点。会说话的人善于发现他人值得赞美的地方。赞美是说给人听的，赞美的话，必须与人挂上钩，只称赞某个东西有什么特色，是无法突出对人的赞赏的。要抓住对方的知识、能力和品位进行称赞。

其次，要挠到对方的"痒处"。日本顶尖业务员齐藤竹之助说："想轻易地发现每个人身上最普遍的弱点，是很简单的事情，因为只要你留心他们最爱谈的话题便可以知道。因为言为心声，心中最希望的，也就是他们嘴里谈得最多的。你就在这些地方去挠他们，一定能挠到他们的'痒处'。"

最后，也是非常重要的一点就是，赞美一定要真诚。没有根据地瞎吹乱捧是"拍马屁"，每个人都有自己的辨别能力，什么是真诚的赞美，什么是虚伪的吹捧，人们是可以分辨出来的。要真诚地对待别人、赞美别人，真心的对待必然有真心的回报。

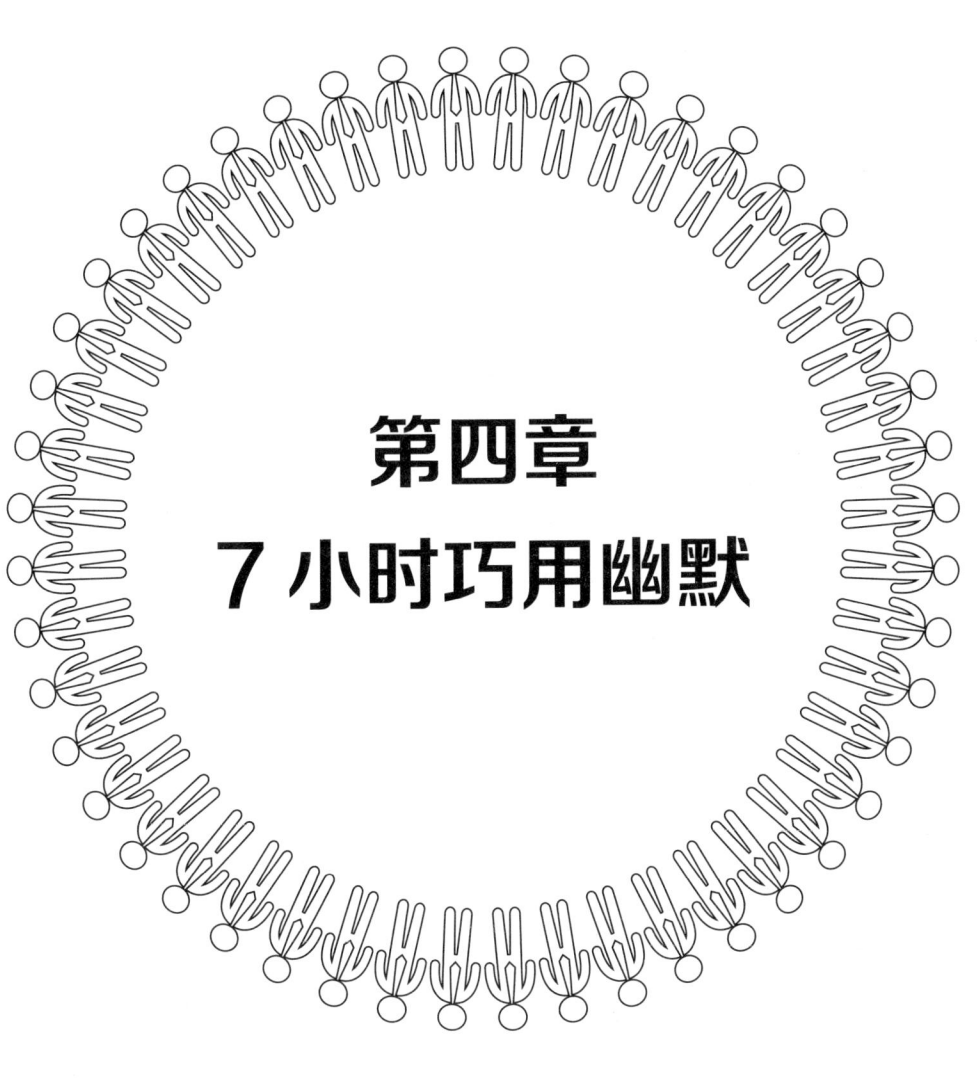

第四章
7 小时巧用幽默

幽默"潜规则"

很多人喜欢用开玩笑的幽默方式来打开说话的局面，不过开玩笑随意性固然很大，但要注意的禁忌也很多。开玩笑的过程中蕴涵着深刻的智慧，千万不能乱开。开玩笑应有尺度、有分寸，否则伤害人、得罪人而不自知，那才是得不偿失。因此，在开玩笑之前应该三思，以免出口成刀，伤害他人。

即使关系再好的朋友，开玩笑也是有度的，一旦过了火，就不可避免地伤害到对方。在生活中，喜欢开玩笑是正常的，但是玩笑过了度，就会把有着调节气氛效果的玩笑话转变为"黑色玩笑"。这种"黑色玩笑"自然是不被人所喜欢的。总是开过度玩笑的人，就会被人们挂上"刻薄"的标签，自然也更加惹人反感。

开玩笑一定要看对方是什么人。同事之间也许笑过就算了，但是一定不要随便开老板的玩笑，因为老板的尊严是一定不能冒犯的。

程盈盈负责公司的外勤工作，平时对工作负责，灵活又认真，说话还很幽默,到哪儿都能吃得开。但就是这样一个可爱的女孩,却一直得不到提升。

程盈盈一直十分努力认真地工作,有一次她加班一整夜,次日一早赶到公司。一身疲惫的她被领导不分青红皂白地批评了一顿,数落她工作不够细致、工作状态很差等等,任她如何解释都不行。程盈盈感到十分委屈,于是她向平时谈得来的老员工请教。对方对她说:"我觉得你最好仔细想一想你平时是否在言辞上曾冒犯过老板。"

这么一问,程盈盈想起来了,自己平时就喜欢和同事开玩笑。和老板相处久了,觉得老板对员工都是和和气气的,没有架子,一时大胆起来,开起了老板的玩笑。一天,老板穿了一身笔挺的西服来上班,大家都夸赞道:"老板今天真精神。""老板今天太帅了"……程盈盈也看到了老板,夸张地说:"老板,你今天穿了新衣服,颜色很正,但款式应该是去年的了。"老板当时没说话,现在想起来他当时脸色很难看,因为从那以后他再也没穿过那套衣服。

还有一次,程盈盈带着刚谈好的客户去老板办公室签合同,老板拿笔在合同上潇洒地签下名字,客户看后忍不住夸赞老板的字写得漂亮,程盈盈的幽默感一时又上来了,她说:"能不好看吗?老板偷偷练了三个多月呢,而且这可是老板写得最多的字!"程盈盈没注意到她说完这话后,气氛立马就陷入了尴尬之中。

回想起这些事情,程盈盈就明白自己不受重用的原因了,她无时不在的幽默感,原来并不都是恰当的。

开玩笑一定把握好分寸,否则,伤害了他人,最终也伤害了自己。

生活中与人开玩笑是必要的，但是在开玩笑之前，必须加以考虑，注意措辞。因此，幽默要掌握好以下"规则"：

1. 内容要高雅
笑料的内容是一个人思想情趣与文化修养的体现。幽默要高雅、健康、有格调，这样才能给对方以启迪和精神上的享受。

2. 态度要友善
与人为善，是幽默的一个原则。幽默是情感沟通的一种很好的方式，不应该是发泄自己情绪、侮辱别人的，只有善意的幽默才是正确的沟通方式。如果不是善意的幽默，即使你凌厉的口才占了上风，也得不到别人的尊重，也没有人愿意与你往来。

3. 开得适时，开得恰当
玩笑是要开的，但要开得适时，开得恰当，开得合理。不然，就不会达到好的"笑果"。朋友之间相处，开玩笑是经常发生的事，这不是什么坏事，但开玩笑要把握好"度"，掌握好分寸。

用幽默化解摩擦

大的争斗都是从小的摩擦开始的。小到人与人之间的打斗,大到国家间的战争,很多导火索都是很不起眼的摩擦。

洪都拉斯和萨尔瓦多之间爆发的著名的"足球战争",就是因球迷间的冲突而引发的。尽管这场富有戏剧性的战争仅仅持续了100多个小时,双方伤亡却高达5000人,经济损失超过5000万美元,可谓损失惨重。两国的武装冲突也给周边地区带来了极大的影响,导致中美洲共同市场陷入瘫痪。双方的贸易完全中断,边境冲突不断,航空飞行也中断了十年之久。

听起来也许很不可思议,这场战争的导火索竟然是球迷间的摩擦,不过仔细想一想,似乎发生在我们周围的争执和冲突,都是从一些不起眼的小摩擦开始的。通常都是一些小问题处理不当,才导致更大的冲突。

当小摩擦出现的时候,我们就应该认真对待了,不要等到事情一发不可收拾的时候才慌忙地去面对。尤其是当一些可能引发冲突的情况发生时，便要机智地去化解，以做到防患于未然。

在清代小石道人编写的《嘻谈录》中有一则名为《恭喜也罢》的故事，也许看过之后能给我们很好的启发。

有三位邻居同住在一个院子里，正巧旁边的两户都生了小孩，院子里洋溢着喜庆的气氛。

这日，住在中间的问左边的邻居："你家生了什么？"

邻居回答说："生了儿子。"

这人说道："恭喜。"

接着他又问右边的邻居："你家的呢？"

邻居回答说："生了女儿。"

那人说："也罢。"

这位邻居听到后脸就拉了下来，嗔怪道："人家生了儿子，你说'恭喜'；我家生了女儿，你却说'也罢'，你未免太重男轻女了吧。"

这人自觉失言但一时也不知道怎么弥补，此时对方的脸色已经铁青。正巧外面锣鼓声响起，原来是四个轿夫抬着一位太太从这里经过。于是，这人用手一指，然后跟邻居说："你看，那不是四个'恭喜'抬着一个'也罢'来了。"

邻居听了后一愣，然后哈哈大笑，原有的怒气已经被幽默的话巧妙地消除掉了。

英国著名作家狄更斯也遇到过类似的事情。

有一天，狄更斯正在湖边钓鱼。这时，一个陌生人走到他身边问道："怎么啦，你在钓鱼？"

"是啊,"狄更斯爽快地回应道,"今天运气不好,钓了半天,一条鱼也没有钓到。不像昨天,也是在这个湖边,我钓到了15条鱼!"

"是吗?"陌生人笑着问道,"你知道我是谁吗?你看看那边的牌子。"

狄更斯往他指的方向看去,牌子上写着"禁止钓鱼"。

"我是专门给钓鱼者开罚单的。"那人说道。接着便从口袋里掏出一个簿子,要开罚款单。见此情景,狄更斯急中生智,连忙反问:"那么,你知道我是谁吗?"

那人显然不认识他,一脸疑惑。狄更斯也笑着说道:"我是作家狄更斯,你不能罚我的款,因为虚构故事是我的职业,我说我昨天钓了15条鱼其实是我虚构的。"

狄更斯的幽默明显打动了那个人,那个人乐呵呵地告诉狄更斯:"行啦,伙计,下不为例。"之后两人又聊了很久,成了很不错的一对朋友。

大多数人碰到这样的情况,可能会发生一场争吵;遇到脾气暴躁的,拳脚相加都有可能。这个时候用幽默化解摩擦,不是更好吗?

幽默的话能够挽回局面

说错话的经历谁都有过,有的时候兴起,大说特说,难免说错,这属于言多必失;有的时候对所遇到的情况估计错误,开口就错,甚至多说多错,这属于没有审时度势;还有的时候说话不考虑后果,张口就来,这便是有口无心。不管怎样,说错话的结果都是无比尴尬的,轻则不能让人正确理解自己的意思,重则使对方产生很大的误会。

说错话了就要及时改正,就像做错事一样,一定不能放在那里不管,不然只会让自己尴尬。怎样去挽救则需要智慧和技巧。倘若意识到错误后只会一味地说对不起,作用虽有,效果却不明显。所以,想要弥补自己说错的话,需要发挥你的幽默才能。

美国前总统布什任职期间,英国女王来美访问,布什在白宫南草坪上为英国女王伊丽莎白二世和女王的丈夫菲利普亲王举行了隆重的欢迎仪式。

欢迎仪式包括21响礼炮和乐队演奏的两国国歌,驻美外交官、美国国会议员等7000多名宾客参加了这个欢迎仪式。

布什在演讲中谈到英国女王以前的访美之行时说:"美国人民自豪地欢迎女王陛下访问美国——这个您熟悉的国度。您曾经和10位美国总统共进过晚餐,您还参加了美国独立200周年纪念仪式,那是在17……嗯,是1976年。"

尽管布什及时发现口误,并迅速改正过来,但这个口误仍然没有逃过现场嘉宾的耳朵,观众席中顿时爆发了大笑。

布什回头顽皮地冲女王眨了下眼睛。女王则冷淡地回看了一眼布什,脸上没有任何表情。

急于掩饰窘迫的布什则用起了幽默,他自我解嘲地打趣说:"她(女王)刚才看我的眼神,就像是一个母亲在看自己犯错的孩子一样。"

观众席上爆发出了更响的笑声,英国女王也终于露出了笑容。

在如此高规格的外交场合上,布什却因为口误险些沦为笑柄,他感受到的尴尬是可想而知的。在向女王顽皮地眨了眨眼后,只得到了女王的冷眼。见此招不行,布什便发挥出了自己的幽默。他顺着当前的形势来了句"她(女王)刚才看我的眼神,就像是一个母亲在看自己犯错的孩子一样",诚恳但不失俏皮地承认了自己的错误,也得到了女王及在场嘉宾的谅解。

英国生物学家、进化论的奠基人达尔文,在一次酒会上遭遇到一位女士的嘲讽。

这位女士带着戏谑的口吻向达尔文提出疑问:"达尔文先生,听说你断言,人类是由猴子变来的,我也属于你的论断之列吗?"

"那当然喽！"达尔文看了她一眼，非常有礼貌地答道，"不过，您不是由普通猴子变来的，而是由长得非常迷人的猴子变来的。"

达尔文幽默的话化解了这位女士的敌意，挽回了可能会变得剑拔弩张的局面。

在日常的交际活动中，如果遭受到别人的刁难和嘲笑，不要着急反击回去，你可以用自己的幽默，化解对方的敌意，不但能挽回局面，还能表现出自己的胸怀！

恰当地使用幽默

现在很多电影,为了追求效果,经常会将一些段子或者幽默的话插入到剧情中,有些电影处理得非常不错,不过大部分却只是让观众觉得尴尬。这其实说明了一个道理:幽默并不适用于所有场合,应适当地使用。

吴宇森导演2008年出品的《赤壁》上映前受到了很多影迷的期待,但是当这部电影真的呈现在观众面前时,却引起了很大的争议,尤其是里面的对白,更是让许多观众难以接受。支持的观众认为这是吴宇森导演成功转型的标志,添加的幽默元素让电影更好看了,但是更多的人认为,这种牵强附会的幽默,只会给人以生搬硬套的感觉,没有任何的笑点。

相比而言,周星驰电影中的幽默就自然得多,不是单纯为逗观众笑的刻意幽默,更多的是注重电影本身的需要。那些无厘头桥段,正是因为他电影本身的基调,还有剧情上的前呼后应,显得恰到好处。生活中其实也是一样的,你可以幽默,但是不能去刻意幽默。如果你仅仅是想给别人留下幽默的印象而故作幽默的话，会让人觉得有点牵强，一点儿也不好笑。

著名的美国军事统帅巴顿将军，对士兵的生活福利非常关心，有一次突击检查了下属食堂。来到食堂后，他看见两个士兵站在一个大汤锅前。

"让我尝尝这汤。"他的语气不容置疑。

"可是，将军……"士兵的脸上有些尴尬。

"没什么'可是'，我就是要突击检查，不给你们准备的机会。给我勺子！"将军拿过勺子喝了一大口，眉头紧紧地皱了起来，"太不像话了，"他厉声呵斥道，"怎么能给战士喝这个？这简直就是刷锅水！"

"我正想告诉您这是刷锅水，没想到您已经尝出来了。"士兵答道。

如果士兵只回答这就是刷锅水，只怕巴顿将军面子上不好过，但他幽默的回答，为巴顿将军保留了一丝颜面。

有对比就很容易能够看出幽默的效果，恰当地使用幽默便是这样，宛如蜻蜓点水，却似画龙点睛。

学习幽默的技巧

有些人的幽默是与生俱来的,不过大多数人的幽默都是通过后天的学习培养出来的。

学习幽默的技巧,首先要积累幽默的素材。如果你没有即兴幽默的能力,不如多看一些漫画和笑话,从中体会幽默的感觉,学会欣赏幽默。久而久之,你就会培养出幽默感。

其次,也可以体会别人的幽默。敞开心胸,去接受各种不同的人和事物,使自己能听懂别人的幽默,它们会在你的内心留下痕迹。

还有,要保持愉快的心情,它是幽默感的"土壤"。如果你心情沉郁,老是想着一些不快乐的事情,怎能拥有制造快乐的幽默感呢?

除此之外,使用夸张、讽刺、反语、双关等手法,也可以实现一定的幽默效果。这里介绍几种常用的方法。

1. 自我解嘲

幽默的一条重要原则,就是宁可取笑自己,也绝不要轻易地去取笑别人。有位名人曾经说过:"笑的金科玉律是,不论你想笑别人什么,先笑自己。"

自嘲,也是自知、自娱和自信的表现,它本身就是一种幽默。

英国作家杰斯塔东是个大胖子,由于体积过大,行动起来很不方便。但他从不以胖为耻,有一次他对朋友说:"我是个比别人亲切三倍的男人,每当我在公共汽车上让座时,便足以让三位女士坐下。"

这轻松愉快的自嘲,创造了轻松愉快的幽默,同时又表现了杰斯塔东的高度自信。

2. 有意曲解

所谓曲解,就是歪曲、荒诞地进行解释。它说的是以一种轻松、调侃的态度,对一个问题进行广泛解释,将两个表面上毫不相关的东西联系起来,造成一种不和谐、不合情理、出人意料的效果,从而产生幽默。

一位妻子抱怨她的丈夫:"你看邻居王先生,每次出门都要吻他的妻子,你就不能做到这一点吗?"

丈夫答道:"当然可以,不过目前我跟王太太还不太熟。"

这位妻子的本意是要她的丈夫在每次出门前吻自己,而丈夫却有意曲解为让他吻王太太,幽默地化解了气氛,逗乐了自己的太太。

在沟通遇到障碍时,可有意曲解对方的意思,缓解说话的气氛。

3. 正话反说

说出来的话，所表达的意思与字面意思完全相反，就叫正话反说。如字面上肯定，而意义上否定；或字面上否定，而意义上肯定。

有一则宣传戒烟的公益广告，完全没提到吸烟的害处，却列举了吸烟的四大好处：一可省布料，因为吸烟易患肺痨，导致驼背，身体萎缩，所以做衣服就不必用那么多的布料；二可防贼，吸烟的人常患气管炎，通宵咳嗽不止，贼以为主人未睡，便不敢行窃；三可防蚊，浓烈的烟雾熏得蚊子受不了，只得远远地避开；四可永葆青春，不等年老便可去世。

这里提到的吸烟的四大好处，让人们从笑声中悟出其真正要说明的道理，即吸烟有害健康。

4. 巧妙解释

英国著名女作家阿加莎·克里斯蒂同比她小 14 岁的考古学家马克思·马洛温结婚后，有人问她为什么要嫁给马克思·马洛温，她幽默地说："对于任何女人来说，考古学家都是做丈夫的最好选择。因为妻子越老他反倒会越爱她。"

这一巧妙的解释，既体现了克里斯蒂的幽默感，又说明了他们夫妻关系的和谐。

5. 使用模仿语言

模仿语言是指模仿现存的词、名、篇、句式及语气而说出新的话，其往往借助于某种违背正常逻辑的想象和联想，把原来的语言要素用于新的语言环境中，制造幽默。

美国的一位女教师在课堂上提问："'要么给我自由，要么让我去死'这句话是谁说的？"

过了一会儿，有人用不熟练的英语答道："1775年，帕特里克·亨利说的。"

"对。同学们，刚才回答问题的是日本学生，你们生长在美国却回答不出来，多么可怜啊！"

"把日本人干掉！"教室里传来一声怪叫。

女教师气得满脸通红，问道："谁？这是谁说的？"

沉默了一会儿，突然有人答道："1945年，杜鲁门总统说的。"

这位同学模仿老师的提问做了回答，达到了用幽默化解矛盾的效果。

6. 俏皮风趣

据说，当年冯玉祥将军想娶夫人的消息公布之后，名门闺秀、摩登女郎纷纷赶来"应聘"。选聘夫人这种事完全委托秘书来处理自然不妥，于是冯玉祥将军亲自出面进行"面试"，而且"面试"的问题只有一个："你为什么要选择嫁给我？"

有人回答："因为您是个大英雄，我爱慕英雄！"

也有人回答："因为您是大官儿，和您结婚就是官太太。"

……

来的人不少，但结果却令冯玉祥将军非常失望，这种具有依附型心理的女性不是他喜欢的。

后来,李德全出现了。她不仅气质不凡,而且回答得也石破天惊:"上帝怕你做坏事,派我来监督你!"

李德全的机智俏皮和风趣征服了冯玉祥,一时被传为佳话。

在日常生活中,我们身边很难有喜剧演员、相声表演艺术家之类的人。但是,只要我们细心观察身边人的许多有趣的言语、行为,就会发现幽默可以无处不在。

幽默的谈吐代表着开朗乐观的个性,是一个人聪明才智的体现。当然,仅仅懂得了幽默的方法还不足以表明你已经具有了幽默细胞,就像有了毛笔却不一定会成为书法家一样,这还要求有较高的文化素养与之相配,而更为关键的是运用。

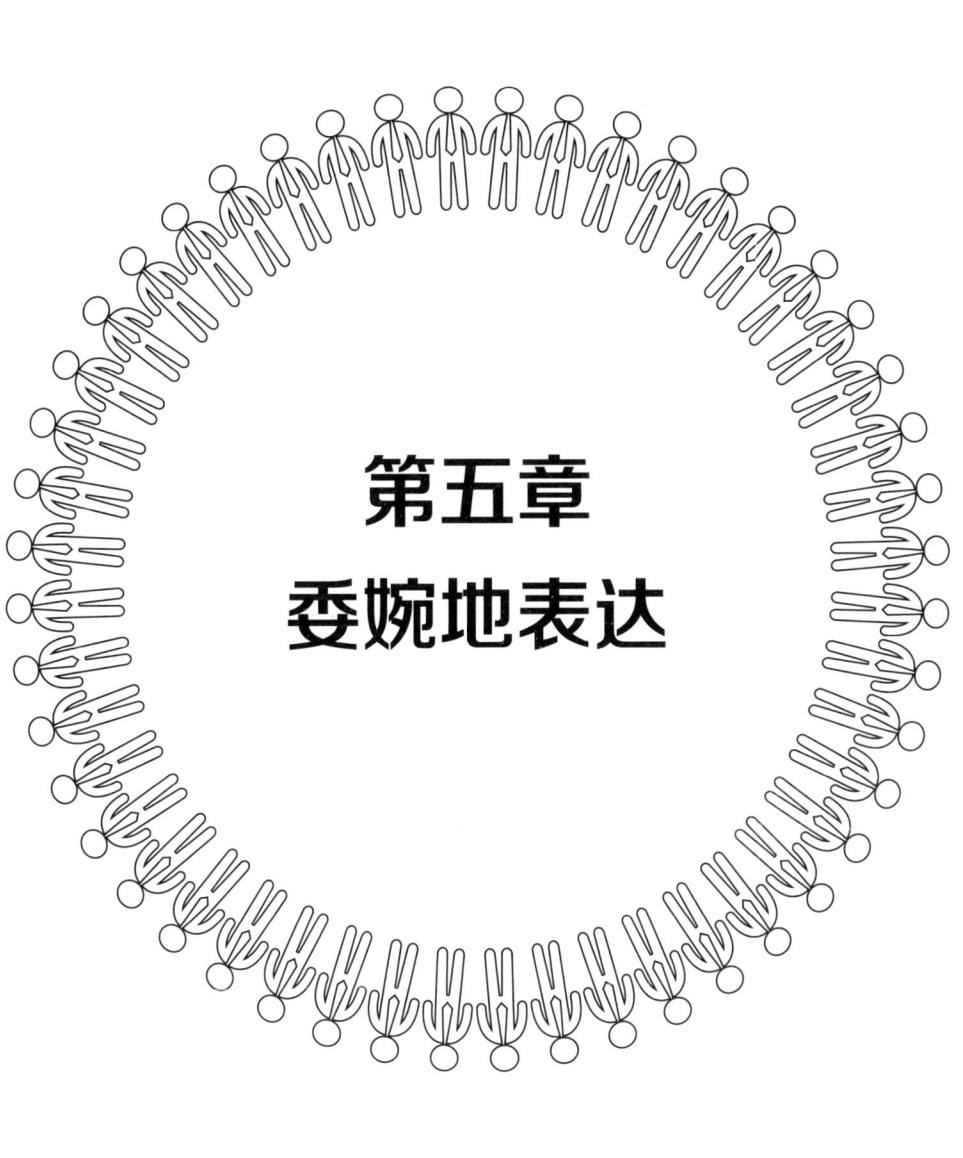

第五章
委婉地表达

说话要会转弯

说话的时候心眼太直就容易"碰壁",说话碰壁的滋味可不好受,碰一鼻子灰不说,还容易遭到别人的白眼。

怎么说话才能不碰壁呢?那就是说话遇到困难的时候要懂得转弯。

我们都认识这样的人,他们以无拘无束、鲁莽直率的说话方式为荣。他们认为这是一种诚实的表现,是一种独特的个性象征。在他们看来,那些迂回曲折的表达方式和人际交往中常用的外交辞令,都是懦弱和虚伪的表现。他们所信奉的是"有什么就说什么"。然而,这样的人永远都不可能取得成功。

尽管人们相信他们是诚实的,但是由于他们不愿意把话说得"好听点儿",不善于察言观色,他们常常把事情搞得一团糟。他们不知道如何有效地与他人交流——他们在人群中总是显得那么格格不入,总是处于极度尴尬的境地。

人们都喜欢体贴入微的关怀,喜欢被别人温柔地对待,希望和聪颖机智的人打交道。那些以毫无顾忌的、直来直往的说话方式为荣的人，通常既不会有太多的朋友，也不会在事业上取得较大的成功，而且很多时候，会不自觉地对他人造成伤害。

因此，即使是讲真话，也要把它转变成别人能接受的方式说出来。

德皇威廉二世曾派人将一艘军舰的设计图交给一位造船界的权威人士，请他评估一下。威廉二世在所附的信件上告诉对方，这是他花了许多年、耗费不少精力才研究出来的成果，希望能被仔细鉴定一下。

几个星期之后，威廉二世接到了这位权威人士的报告，这份报告附有一沓十分详细的分析推论，文字报告是这样写的：

"陛下，非常高兴能见到一幅美妙的军舰设计图，能为它做评估是在下莫大的荣幸。可以看得出来这艘军舰威武壮观、性能超强，可以说是全世界绝无仅有的海上雄狮。它的超高速度前所未有，而武器配备也是举世无双；至于舰内的各种设施，将使全舰的官兵如同住进一间豪华旅馆。但这艘举世无双的超级军舰还有一个小缺点，那就是如果一下水，马上就会像只铅铸的鸭子般沉入水底。"

本来就是玩票性质的威廉二世，看完这个报告，不禁一笑。

其实这位造船界的权威人士的意思就是这张设计图根本是张废纸。但他如果直言不讳地说"陛下，您的设计图一点也不适用，只有一个空架子"，结果会怎么样呢？想必大家都能想象得到吧。

所以一定要明白良药不一定要苦口的道理，即便出发点是为他人着想，也需要让自己的话委婉点，能够被对方接受。

说话不仅仅是我们说，还要让对方愿意听。想一想，如果我们一番好心，却由于没有注意所说的话的分寸，弄得对方心存不满，那岂不是比窦娥还冤？

自认为好心，就噼里啪啦地说一通，以为自己的一番好心会被对方理解，殊不知，即使对方知道你是好心，可是这样口无遮拦、不计后果，只怕还是会被难以接受。

怎样给上级提意见？

当要向上级提意见的时候，应当怎么说才合适呢？如果你一心为公司好，说出的意见却不被上级采纳，甚至引起上级的反感岂不是太冤枉？因此，在提意见前，多动动脑子是必要的。

在陈述自己意见的时候，不要只盯着现状的不好说，说话的重点应该放在自己意见实施后可能带来的好处上。

《三国志·蜀书·简雍传》中记载："时天旱禁酒，酿者有刑。吏于人家索得酿具，论者欲令与作酒者同罚。雍与先主游观，见一男女行道，谓先主曰：'彼人欲行淫，何以不缚？'先主曰：'卿何以知之？'雍对曰：'彼有其具，与欲酿者同。'先主大笑，而原欲酿者。雍之滑稽，皆此类也。"

大概意思是说天干成灾，刘备便下令禁酒。即便是家里只有酿酒器具的，搜出来后也要一并受罚。这种制度极大地激起了民怨，可百姓敢怒不敢言。这种情况被简雍看在眼里，他决心要劝劝刘备。

有一次他和刘备外出，看见一男一女在路上行走。简雍对刘备说道："这两人要行苟且之事，为什么不把他们抓起来？"刘备不解，问："为什么？"简雍一本正经地回答道："他们身上有淫乱的工具，当然要抓起来啊。"刘备听完大笑起来，也明白了简雍的一番苦心。

俗话说"伴君如伴虎"，给皇上提建议是很危险的事情。一旦说得不妥，龙颜大怒，性命都难保。这需要很好地运用自己的智慧，即使是出于忧国忧民的好心，也要采用得当的方式。简雍就做得很好，他没有直言刘备的不对，而是以这样荒诞滑稽的方式去提醒刘备，取得了非常好的效果。

在给上级提意见的时候，要注意自己的措辞。现在给上级提意见，虽然与古时候直谏皇上的风险不可同日而语，但是若处理不当，也会给自己以后的职场发展带来麻烦。所以在给上级提意见的时候，即使你确定自己的意见可以给公司带来极大的利益，也最好找到一个委婉的方式提出来，让上级乐意接受你的意见，不至于因为你的太直白而下不了台。

上级也是普通人，他们也有自己的喜怒哀乐，所以提意见的时候要特别注意时机。倘若你选择了上级心情不好的时候，那就是撞"枪口上"了。在上级心情好的时候，提的意见更容易被接受。

另外，要特别注意语气，最好能一直保持诚恳、认真的态度。只有先让上级觉得你可靠了，他才会更认真地考虑你提的意见。

提意见的时候还要注意委婉，懂得怎样去暗示自己想说的，不将话说得太直白，让上级感到难堪。

这样说"不"才管用

在生活中,我们总是会遇到周围的人要求我们做某些事,而我们又因为许多原因不愿或不能答应他们。这个时候该怎么办?勉强答应,必然给自己带来许多麻烦;不答应,面子上又过不去。这个时候,你就要运用自己的智慧,巧妙地向对方说"不"。

1. 以幽默的方式表达拒绝

一位相貌美丽的女明星对大文豪萧伯纳说:"如果我们结婚,生下的孩子有你的头脑,我的相貌,那该有多好啊!"

"不……"萧伯纳愁眉苦脸地说,"如果生下的孩子有我的相貌,你的头脑,那该多糟糕!"

萧伯纳的机智能使遭拒绝的人没有或是少有难堪,在诙谐中让对方知难而退,这正是我们应该学习的。

许多难以启齿的话,在不得不说出来的时候,必须找到最佳的表达方法。否则，不但达不到目的，还会使友谊破裂。最好的方法就是以幽默的方式表达，不但效果好，也不伤感情。

2. 巧用类比，委婉说"不"

当上级提出一件你根本就做不到的事情时，如果你直言答复自己做不了，可能会让上级损失颜面。这时，你不妨说出一件与此类似的事情，让上级自己意识到事情的难度，而后自动放弃这个要求。

甘罗的爷爷是秦国的大臣，有一天，甘罗看见爷爷在后花园走来走去，不停地唉声叹气。

"爷爷，您碰到什么难事了？"甘罗问。

"唉，孩子呀，大王不知听了谁的挑唆，硬要吃公鸡下的蛋。他命令满朝文武官员想法去找，如果三天内找不到，大家就都要受罚。"

"秦王太不讲理了。"甘罗气呼呼地说。他眼睛一眨，想了个主意，说道："不过，爷爷您别急，我有办法，明天我替您上朝。"

第二天早上，甘罗真的替爷爷上朝了。他不慌不忙地走进宫殿，向秦王施礼。

秦王很不高兴，说："小娃娃到这里捣什么乱！你爷爷呢？"

甘罗说："大王，我爷爷今天来不了，他正在家生孩子呢，托我替他上朝。"

秦王听了哈哈大笑："你这孩子，怎么胡言乱语！男人家哪能生孩子？"

甘罗说："既然大王知道男人不能生孩子，那公鸡怎么能下蛋呢？"

甘罗得体地指出了秦王所提要求的无理性，并使得秦王放弃了自己的无理要求。

3. 先退后进"巧"拒绝

开始时先退一步，表示同意对方的看法，然后再针对对方所提出的问题，提出自己的不同看法。这种方法特别适用于拒绝权威人士的意见。

美国一家贸易公司的经理设计了一个商标，开会征求各部门的意见。

经理解释说："这个商标主题是旭日，象征希望和光明。同时，这个旭日很像日本的国旗图案，日本人民见了一定会很高兴，更愿意购买我们的产品。"

营业主任和广告主任听了经理的解说之后极力恭维经理，说他的设计很独到，可是代出口部主任出席的青年职员却持有相反的意见，并直言不讳地说："我不看好这个商标。"

所有人都瞪大眼睛看着他。

"怎么？你不喜欢这个设计？"经理吃惊地问他。

"我倒不是不喜欢这个设计。"青年勇敢地回答，其实他的确有点讨厌那红圈圈，但是，他也明白和经理辩论审美是毫无意义的，所以他说："我怕它太完美。"

经理笑了起来："这话倒使我不能理解了，能给我一个理由吗？"

"这个设计鲜明而生动，毫无疑问，因为与日本的国旗图案相似，无论哪个日本人都会喜欢的。"

"是啊，我的意思正是如此。"经理高兴地说。

"然而我们还有一个更重要的市场，那就是中国。中国人看到这个商标，也未必不会想到这是日本的国旗图案，由于过去特殊的历史，这个设计可能会引起中国人的厌恶情绪，换句话说，他们会因为不喜欢我们的商标而不愿意买我们的产品。那么，我们在中国不就无销路吗？我们公司的营业计划是要扩大对华贸易,但如果真的采用了这个设计,结果可能会顾此而失彼。"

"天哪!我倒没有想到这一层,你的话对极了!"经理几乎叫了起来。

要拒绝权威人士的意见或者建议,必须要有充分的理由,要使他完全信服,当然也不能忽略了技巧的运用。如上例中那位青年用"我怕它太完美"一句话先平息了经理的不悦,再陈述自己更充分的理由,这样经理就不会因此而觉得难堪。

记住:不要损伤了他人的自尊心,不要使他人感觉屈服或难堪。如果你真的没有充分的理由和恰当的方法拒绝他,那就先缓一缓再说吧!

4. 顾左右而言他,含蓄拒绝

不直接就事论事,而是通过先说其他的事影射要说的事,间接巧妙地拒绝。这种拒绝的方法特别适用于有人为某事向你求情而你在原则上又不能答应的情况。

清代书画家、文学家郑板桥(郑燮)在潍县任知县期间,查处了一个叫李卿的恶霸。李卿的父亲李君是刑部的官员,得讯后急忙赶回潍县为儿子求情。

李君以访友的名义拜访郑板桥,郑板桥知道李君的来意,故意不动声色地看李君如何扯到正题。李君看到郑板桥房中有文房四宝,于是向郑板桥要来笔墨纸砚,提笔在纸上写道:燮乃才子。

郑板桥看了之后也提笔写道:卿本佳人。

李君一看心里一亮:"郑兄,此话当真?"

"一言既出,驷马难追!"

"我这个'燮'字可是郑兄大名,这个卿字……"

"当然是贵公子的宝号啦!"

李君心里高兴极了,忙道:"承蒙郑兄关照,既然我子是佳人,那就请郑兄手下留情。"

"李大人,你怎么糊涂了?唐代李延寿不是说过'卿本佳人,奈何做贼'吗?"

李君脸一红,只好拱手作别。郑板桥巧妙地利用李卿的"卿"与"卿本佳人,奈何做贼"的"卿"字是同音同义的关系,委婉含蓄地拒绝了李君的求情,既坚持了原则,又不使对方太难堪。

5. 用名人名言、俗语或谚语来说"不"

在拒绝别人的时候,引用名人名言、俗语或谚语等来作答,以表明自己的意思,或佐证自己的观点,既增加了说话的权威性与可信度,又省去了许多解释和说明,还能增添口语的生动性与感染力。

汉光武帝刘秀的姐姐湖阳公主在丈夫死后,看中了朝中品貌兼优的宋弘。刘秀便召来宋弘,以言相探:"俗话说,人地位高了,就改换与自己结交的朋友;人富贵了,就换掉自己的妻子,这是人之常情吗?"

宋弘答道:"我听说'贫贱之知不可忘,糟糠之妻不下堂'。"

宋弘自然深知刘秀问话之意,应允的话,有悖自己的人品,也对不起与自己共患难的妻子;含糊其辞的话,可能会招来麻烦;直言相告的话,既不得体,又有犯龙颜。在这进退两难之际,他引用古语来"表态",委婉而又直截了当地表明了自己的态度。

批评的方法

每个人都有因受到批评而不开心的时候,很多人都有抗拒批评的心理。既然我们自己都不喜欢严厉、直白的批评,那么在别人做错事的时候,我们也应该考虑到别人的感受。

很多时候,当我们想要批评别人时,可以想一想,倘若自己处在对方的位置,是不是也不愿听到这样的言语?如果答案是肯定的,那么我们就要注意自己的表达方式,使别人更愿意接受你的批评。

许广平曾写过一篇名为《罗素的话》的论文。在她把文章交给鲁迅批阅时,鲁迅写了下面的评语:"拟给90分,其中给你5分(抄工3分、末尾的几句议论2分),其余的85分都给罗素。"暗示许广平的论文里面大多是罗素的原话,自己的论点不多。鲁迅没有明说,是让许广平能自己领会其中的意思,在日后的创作中好好改正。

在职场中当你的下级犯错误的时候,你会不会仗着自己的职位狠狠地训斥他们呢?你能确保这样的训斥可以让他们认识到自己的错误吗?

如果不能，那你就得考虑将自己的批评方式变得委婉点。学会了委婉含蓄的批评方法后，在处理人际关系的时候你会更加游刃有余。

1. 暗示型批评

所谓的暗示型批评是指不正面提出批评，而把批评的意思在谈话的过程中暗示出来，让被批评者自己去理解、接受。

2. 安慰型批评

安慰型批评是指在批评对方的错误时，不忽略对方的成绩和努力，让犯错者能感到安慰，不至于太伤心。

有一次，年轻的莫泊桑拿着自己新创作的诗歌去拜访著名作家布耶和福楼拜，想从他们那里得到一些有益的建议。两位大师一边听莫泊桑朗读诗作，一边喝香槟酒。等他读完后，布耶说："你这首诗，句子中的意象过多，不易理解，像吃一块牛蹄筋；不过我读过更坏的诗，和它们相比，你的这首诗就像这杯香槟酒，勉强还能吞下。"这个批评虽严厉，但还是留有余地，给了对方一些安慰。

3. 模糊式批评

用模糊的言辞替代直截了当的批评就是模糊式批评。这种批评方式虽没有指名，但实际上却"道了姓"。

某公司职员的工作态度一度十分松懈，公司经理便召开职员大会进行"整顿"。他说："最近这段时间，本公司职员工作态度大多数是好的，但也有少数人表现不佳，迟到、早退、上班闲聊的现象时常出现。"

这里所使用的"大多数""也有少数人"都是模糊的语言。用这种方式，既顾及了职员的面子，又指出了存在的问题，是不指名的指名批评，效果自然比直接点名批评要好。

4. 幽默式批评

幽默式批评，可以打破僵局，即使对方一时接受不了，也不伤和气，更不至于让对方难堪、丢脸。但是幽默式批评应该做到不低级庸俗，语言形象、生动，深入浅出。

5. 建议性批评

从被批评者乐于接受的角度出发，并提出能够令对方接受的建议，其结果将往往出乎意料。

回避对方的话题

很多人对此可能会很疑惑，回避怎么能是与别人沟通的好方法呢？

回避，简单地说就是不去正面回应。要知道有些无聊的人就是喜欢搬弄是非，以调侃揶揄别人为乐。你越把他当回事，他便越激动，甚至会把这当成一种表演。要是把这类人的表演欲望挑起来了，那么他们就非常难对付了。所以在觉得一些问题很无聊的时候，干脆不要去理会。对方摆出一副要和你决斗到底的气势，而你淡淡地不做出回应，会让对方自讨没趣。

当然，这只是简单意义上的回避。回避还有更深层的意思，便是不去正面迎接挑战，故意避开锋芒，避开对方最尖利的部分，寻求别的突破口。

有个人十分小气，全村的人都知道他喜欢占小便宜。有一年冬天，他买了一尺布，找裁缝去做帽子。那裁缝也对他的脾气略知一二，帮他量了量脑袋，说："好的，布够了，你过些天来拿便是了。"

这个人走出裁缝铺的门后，心里琢磨着："布够了？哼，这个裁缝肯定是骗人，他会把多出来的布再卖给别人，布肯定是有多的！"便转回去问裁缝。

裁缝说:"是多了一点。"

于是这人又问:"多的布能不能再做一顶帽子?"

裁缝见他贪小便宜的毛病又犯了,笑着说:"当然可以啊!"

这个人高兴地又走了,但没走多久他又在想:"当然可以?恐怕还有多的,不然他怎么这么爽快呢!"越想越不对劲,就又转回去问裁缝:"做三顶帽子够不够?"

裁缝见他这样,便迎合着说道:"只要你愿意,做十顶都可以!"

他一听,高兴得不得了,问:"十顶帽子都能戴在头上吗?"

裁缝答道:"当然可以啊!"

这次这个人开开心心地回家去了。

一个星期过去了,这个人来到裁缝这儿取帽子,一看见帽子顿时说不出话来了。原来,那十顶帽子做得非常小。他很生气,愤怒地质问裁缝:"你不是说十顶帽子都能戴在头上吗?这么小,你叫我怎么戴啊?"

裁缝应道:"怎么不能戴了?戴在手指头上不就是了!"

这个人听了,火冒三丈,说:"你见过谁把帽子戴在手指头上吗?"

裁缝又好气又好笑:"一尺布要做十顶帽子,不戴在手指头上,那你还想戴在哪里啊?"

看完这个故事笑过之后,我们应该想一想,若我们是那个裁缝,应该怎么做。也许有人会说,肯定在做之前就指出他的不对。但是面对这样一个喜欢贪图小便宜还疑神疑鬼的人,我们的劝解往往会招来对方更多的猜忌。所以不如学学故事里的裁缝,回避对方想要无理取闹的话题,按照自己的想法去做,等到结果出来的时候,用事实让对方清楚地看到问题所在,这样岂不是更好?

第六章
好口才有大力量

口才是立足世界的利器

早在20世纪40年代，美国人就把"口才、金钱、原子弹"看成是在世界上生存和发展的三大法宝；到了20世纪60年代以后，又把"口才、金钱、电脑"看成是最有力的三大法宝。"口才"一直独居三大法宝之首，足以看出会说话的作用和价值。

不论在哪里，我们都会听到有人这么夸别人："他这个人嘴巴可厉害了，能说会道的，很会办事儿。"也有人时常这么自嘲："我这人就是嘴笨，见谅！"一个人的口才可以说是生存的基本技能之一。

以山姆·李文生为例，他不但是广播、电视明星，还是在美国各地都很有影响力的演讲者。他在纽约任中学教员时，就喜欢与亲人、同事和学生就工作和生活中的一些事情发表意见，进行简短的谈话。没想到，这些谈话引起了听众热烈的反响。不久，他受邀为许多团体演说。后来，他成了许多广播节目里的特约嘉宾。之后，山姆·李文生便改行到娱乐界发展，且成就非凡。

在我国历史上，的确有很多能言善辩之士，凭着一张剑舌，活跃在当时的政治舞台上。他们有的劝阻战争，化干戈为玉帛；有的怒斥奸佞，以正气压倒歪风；有的巧设比喻，以柔克刚，争取盟友；有的反唇相讥，绵里藏针，瓦解敌阵。

"苏秦佩六国相印，张仪两次相秦"，可以说是口才重要性很有力度的证明了。事业的成功和失败，很多时候决定于某一次谈话，这话绝不是过分夸张的。美国人类行为科学研究者汤姆士指出："说话的能力是成名的捷径。它能使人显赫。能言善辩的人，往往使人尊敬，受人爱戴，得人拥护。它使一个人的才学充分拓展，熠熠生辉，事半功倍，业绩卓著。"他甚至断言："发生在成功人物身上的奇迹，一半是由口才创造的。"卡耐基也说："一个人的成功，很少取决于知识和技术，更多的是取决于沟通发表自己意见的能力和激发他人热忱的能力。"

由此可见，一个人的说话能力，是获得社会认同、上司赏识、下属拥戴、同事喜欢、朋友帮助、恋人亲密的重要条件。

聪明者总是习惯用语言来化解矛盾，解决难题；愚蠢者总是用拳头来使矛盾激化，制造困难。要想征服一个人，乃至于征服一群人，用的通常不是刀剑，而是灵活的舌尖。

说话需要技巧、门道，从而达到让他人心悦诚服、敬佩、爱慕有加的良好效果。而要得到这种效果，一定要掌握以下谈话技巧。

1. 简洁明确

和人交谈的第一要素就是要让人听得明白、透彻，让他人清楚你要表达的主要意思。最好不要用方言、土语，宜用普通话当作正式标准用语。在语言的表达上，力求简单明了，言简意赅地表达自己的观点或看法，切忌喋喋不休、啰啰唆唆。

2. 有礼貌

用语礼貌是一种良好的生活习惯，在生活中能够做到对人彬彬有礼的人一定很受欢迎，而且拥有良好说话习惯的人更容易成功。运用礼貌用语既是一条行为准则，也是提高办事效率的重要法宝。特别是在与人沟通时，要正确地使用文明用语，它是礼貌说话的表现之一。这些文明语言可以向别人表达感激的心情或歉意，沟通人与人的心灵，创建融洽的人际关系。

发挥口才的力量

意大利有句著名的谚语："舌头虽小,但可以毁掉一座城市。"就是在告诉我们舌头虽然很小,但它的作用可是不容忽视的。中国古话里说"三寸不烂之舌",说得就很贴切。舌头只是短短三寸,在人类器官中算不上大,然而就是这三寸之舌,却能爆发出极大的力量。

可能许多属于"行动派"的朋友会对此嗤之以鼻,他们认为只有实际行动才能给事情带来质的变化,而所谓的口才、幽默,只是嚼嚼舌根,没有什么实际的作用,实在难登大雅之堂。要想发挥作用,还得靠实际行动才行。

在生活中,我们总会遇到种种麻烦,能否处理好这些麻烦,决定了我们的生活质量和人生价值。在处理这些麻烦时,是有技巧的。是听之任之,抱怨命运不济,还是不露声色地将危险的苗头灭掉?怎样才能成为旁人眼中的能人,"敌人"心中的智者?

清朝名臣纪晓岚在编纂《四库全书》期间,一天,正值酷暑,他打着赤膊坐在桌前奋笔疾书。这时,乾隆皇帝突然驾到。古时有律例,臣民衣冠不整地见驾即为欺君,更何况纪晓岚那副模样!慌忙中,纪晓岚钻到了桌子底下。

不承想,乾隆皇帝早就看到了纪晓岚,他向身旁的人挥手示意要他们不要说话,接着又坐到了纪晓岚藏身的桌子旁。

过了许久,纪晓岚感到憋得慌。此时,外面鸦雀无声,又因桌布遮挡看不见外面的情况,更不知道皇上到底走了没有,于是,纪晓岚偷偷伸出一根中指掀起桌布,低声问道:"老头子走了吗?"

乾隆皇帝听后哭笑不得,只好假装生气地喝道:"放肆!谁在里面?还不快给我滚出来!"

纪晓岚没辙,只好乖乖地爬了出来。

乾隆皇帝问道:"你为什么叫我老头子呢?解释得有理的话便饶你不死,否则……你自己看着办吧!"

纪晓岚立即答道:"皇上是万岁,理应称'老';再则尊为君王,举国之首,万民拥戴,自然是'头';所谓'子'者,即'天之骄子'也。故'老头子'乃至尊之称也。"

"那根中指又是什么意思?"

"代表'君','天地君亲师'的君。"纪晓岚伸出左手,指着右手的中指说道,"从左边数起,天地君亲师,中指是君;从右边数起,天地君亲师,中指仍是君;因此中指代表君。"

乾隆皇帝听后笑道:"爱卿机智可嘉,恕你无罪!"

当然,这样的机智并不能从根本上解决你所遇到的问题。但是在问题初露端倪的时候,你巧妙地运用机智,则至少可以让气氛更缓和些,而缓和的气氛又对解决问题有极大的好处。

我们所看到的诸多争吵,用"一言不合"来形容最合适不过了,这"一言"仿佛浇在火上的油,让双方都失去了理智。如果能在恰当的时候巧妙地运用理智,便仿佛是浇了瓢水,能让大家以冷静的头脑解决面临的问题。

一位女士走进一家商店,气冲冲地问道:"你们这些奸商,前些天我花了好几千从你们这儿买的这条黑狐皮围巾,为什么沾上点水就变色了呢?"

听完顾客的抱怨,商店老板慢慢说道:"这狐狸精还真是厉害,把它做成围巾了,居然还能如此变化多端。"

顾客想着自己上当了,必然怒气冲冲地跑来理论。如果老板表现出蛮横的态度,一场"恶斗"不可避免。要想彻底解决好这个问题,恐怕还需要商店老板和顾客真心诚意地坐下来协商,仅仅凭老板的一句幽默话并不能解决他们之间的矛盾。但正是这句话让顾客看到了老板的诙谐和坦诚,没有使他们在一开始就处于剑拔弩张的境地,使得他们能在一个更好的氛围中来商讨解决的事宜。

用舌头代替拳头

汉语语气词所表达的语气是一个复杂系统,每个语气词可覆盖一定语域的情态,多个语气词相互配合,就可以把各种错综复杂、丰富多彩的语气表达出来。

一位犹太商人带着五幅画到美国去出售。有位美国画商看中了这五幅名画,便打定主意,不管怎样也要把这五幅名画弄到手。

犹太商人开价 500 美元,少一分钱也不卖。这位美国画商也不是商场上的平庸之辈,他一美元也不想多给犹太商人,便和犹太商人讨价还价起来,双方一时陷入了僵局。

忽然,犹太商人怒气冲冲地拿起其中的一幅画就往外走,二话不说就把那幅画给烧掉了。美国画商眼睁睁地看着一幅画被烧掉,非常心痛。他小心翼翼地问犹太商人:"剩下的这四幅画卖多少钱?"

想不到这次犹太商人要价的口气更是强硬,声明还是 500 美元,少一分都不卖。少了一幅画,还要 500 美元,美国画商觉得这样太亏了,便再次要求降低价格。但犹太商人不理会他这一套，又怒气冲冲地烧掉了一幅画。

美国画商大惊失色，只好乞求犹太商人不要把最后三幅画烧掉，因为他实在是太爱那些画了。接着，他又问这最后三幅画要多少钱，想不到，这次犹太商人张口就要800美元，少一分也不卖。

这一回美国画商可真急了，只好强忍着怒气问犹太商人："三幅画的价格怎么能比五幅画的价格还要高呢？你这不是存心耍人吗？"

犹太商人回答说："你有没有听说过这个故事：有个藏邮家有两枚稀世邮票，大概值25万美元，后来他当众毁掉一枚，马上就有人出价100万美元买剩下的那一枚。"

看美国画商不说话，这位犹太商人又接着说："我这五幅画都是好画，本来有五幅的时候，相对来说，价格还可以低点儿。如今，只剩下三幅，它们的价值已大大超过五幅画都在的时候了。因此，现在我告诉你，如果你真想买这三幅画，最低也得出价800美元。"

美国画商一脸苦相，却没有办法，最后只好以此价格成交。

这个故事中的犹太商人虽说有点"奇货可居"，但是他巧妙地利用语气较强的词语，还将原有的五幅画烧得只剩下三幅，来说服美国画商以将近原价两倍的价格买下三幅画。可以看出，运用语气较强的词语，可以表现出说话人的力量，让人不得不屈服。像这些能用舌头解决的问题，又何必动拳头呢？

借别人的"词"来达到你的"笑"果

有一年春节,中央电视台新闻评论部的"名嘴""名记"们自导自演自看,搞了一场小型联欢会。

在联欢会上,大家一致推荐崔永元等人表演一个小品,小崔也不含糊,扮作"新娘"登场,担当"新郎"角色的是新闻评论部主任。出人意料的是,这个"新娘"怀里还多了一个小宝宝。

于是,主持人白岩松就在大家的授意下前去采访"新娘"崔永元:"请问新娘为什么带个孩子?生孩子的感觉怎么样?"

"新娘"崔永元假装不解地反问白岩松:"难道你不知道吗?"

白岩松老老实实地回答:"不知道。"

"新娘"崔永元又问:"你真的不知道吗?"

白岩松再次肯定地回答:"不知道。"

这时,"新娘"崔永元一脸坏笑地说破了谜底:"生孩子的感觉是——痛并快乐着!"台下观众顿时哈哈大笑,并报以热烈的掌声。

原来,"痛并快乐着"正是白岩松出版的一本书的名字。在这里,崔永元借着白岩松的书名《痛并快乐着》来形容生孩子的感觉,真是令人乐不可支。

其实,在生活里,借用别人的"词"来达到一定的"笑"果,用处多着呢!

有时候,你会遇到蛮不讲理的人,他们会有意提出毫无道理的问题来刁难你,让你哭笑不得。不论你答与不答,都已经陷入了尴尬的境地。这时候,就要以幽默为武器予以还击,将尴尬回敬给对方。

加拿大前外交官切斯特·朗宁 1894 年出生于中国湖北。1923 年切斯特·朗宁竞选省议员时,反对派大肆宣传他是"喝中国人的奶长大的,身上一定有中国的血统"。切斯特·朗宁以其人之道还治其人之身,幽默地反击道:"你们是喝着牛奶长大的,身上一定有牛的血统。"

这样的妙语幽默风趣,既是笑话又非笑话,有礼有节,让对方知道推断的错误。

学会给对方"留面子"

"人活一张脸,树活一层皮。"每个人都有自尊心,都不愿在别人面前"丢面子",所以我们想要说服别人,就要把握好尺度,避免与对方发生直接冲突,让对方感觉"没面子",给说服留余地,不要把话说绝。

小亮是一名 14 岁的初中生,自从家里买了电脑之后,他便迷上了网络游戏,经常玩到连饭都顾不上吃,更不要说好好做功课了。不久,他的成绩也从班级的前三名逐渐下降到了十名之后。

面对这些变化,小亮的爸爸非常生气,每次见到儿子都会数落一通。在亲戚朋友面前,小亮爸爸也是毫不留情地将小亮批评得"体无完肤",久而久之,小亮完全地将自己封闭在网络当中了,因为他觉得只有在网络世界中他才能避开父亲的谩骂与批评,得到他人的尊重与赞赏。

后来,小亮的父母咨询了一位心理医生,心理医生告诉他们,父母当众指出孩子的过失,孩子会感觉无地自容,进而对家长和自己都感到失望。孩子会认为自己的品质和能力已经被"一棒子打死",也就没有必要去做什么补救措施了，所以在往后的日子当中非但不会寻求进步，反而会将错就错，甚至将错误的做法继续放大。因此，为了达到良好的教育效果，避免孩子的逆反心理，家长应当将孩子当成一个独立的个体来看，在积极教育的同时也要照顾到孩子的自尊心，多给孩子"留面子"。

在这之后，小亮爸爸经常和小亮聊天，并试着和孩子讨论迷恋网络游戏的害处，小亮爸爸还会有意地对小亮说："在爸爸心里，你一直都是最棒的，我和妈妈都相信你一定会懂得这个道理的，我们依然深爱着你！"

当小亮明白父母对自己强烈而深沉的爱时，一种羞愧之感油然而生。两个月之后，他的网瘾成功戒除了。

孩子也是非常注重"面子"的，如果家长总是把孩子当成"不懂事的小孩"，总是不给孩子"留面子"，这样很容易会造成孩子的逆反心理。因此，家长应当给孩子留出适当的空间，孩子犯错误后，家长应当像对待成年人一样和孩子交流，说一些委婉的话，给孩子一个"台阶"下，这样，孩子从潜意识里会觉得自己已经是和父母"平等"的大人，自然会用更高的标准来要求自己。

"留面子"代表对他人的一种尊重，当对方对你的想法提出异议或者说出一些比较刺耳的话语时，你首先要让自己冷静，无论对方是对是错，你都不能表现出傲慢与轻视的态度，比如直指对方的问题，比如语气生硬地说"你错了""是你的想法有问题""你没听明白我说的意思，我是说……"，这些说法明显地抬高了自己，贬低了对方，会挫伤对方的自尊心。对方一旦产生排斥心理，感觉到面子受到威胁，通常会拒绝与你继续讨论。他可能会努力转移讨论的话题，以避免受到这样的威胁。就算你说的话再有道理，对方也会听不进去，这样一来，你的说服也就进行不下去了。

所以面对异议，最好的办法是无论对方表现出怎样的态度，都先顺从对方的说法，可以说"嗯，你说的确实有几分道理，但我还想补充一些……"或者"我想也是，只是如果换个角度来看的话，可能会大不相同……"一类的话，这样才有可能在说话中"扭亏为盈"。

当然，每个人对自己面子的关心程度不一样，所以，很有必要事先了解对方对面子的关心程度。

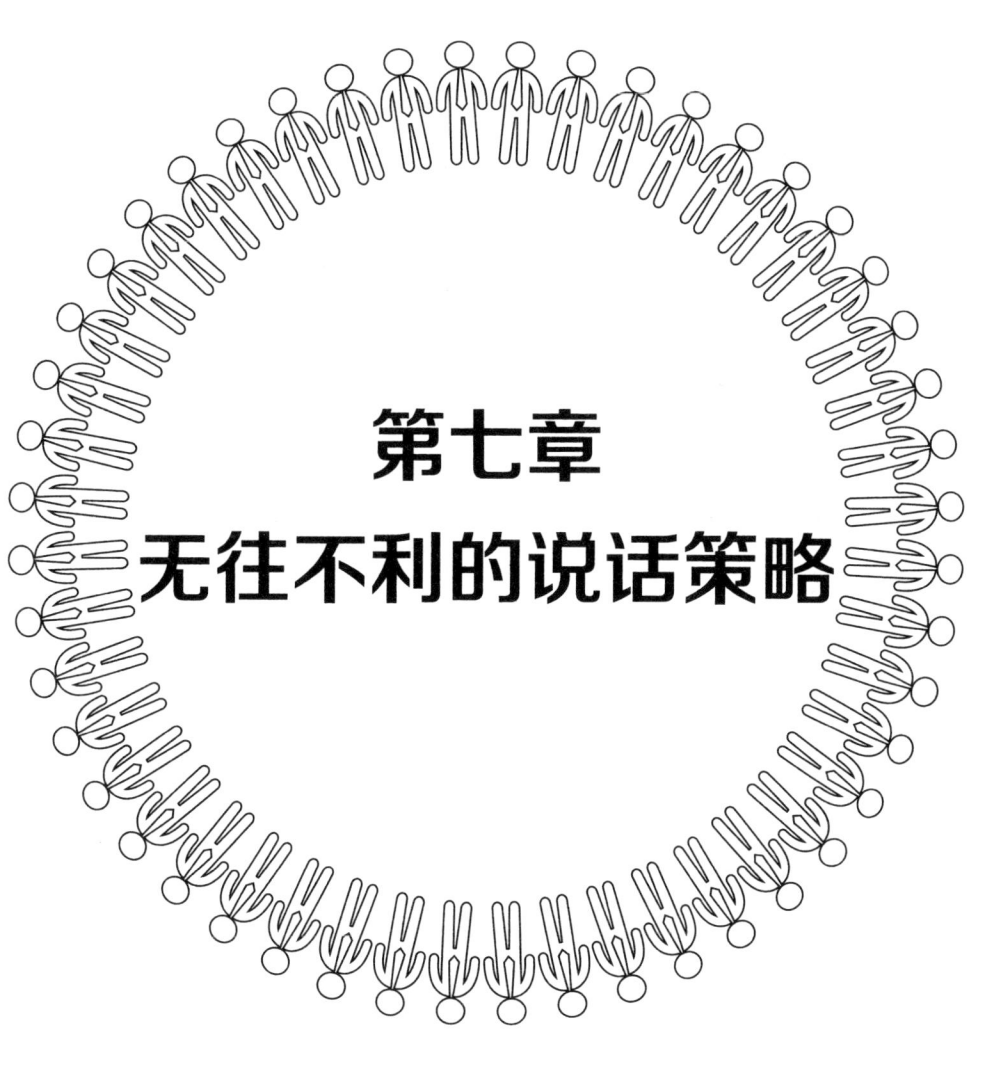

第七章
无往不利的说话策略

借力用力，硬话软说

在 2008 年北京奥运会的开幕式上，一段四分多钟的太极表演让全世界叹为观止。两千多名武者身着白衣，飘然若仙，看似随意的动作中却透出一股刚强，给观众留下了深刻的印象。

与其他武术的踢、打、摔、拿、跌、击、劈、刺等特点不同，太极讲究的是中正安舒、轻灵圆活、松柔慢匀、开合有序，注重以柔克刚，刚柔相济。很多人也许不会想到太极和口才会有关系。很多人喜欢在一言不合的时候把硬邦邦的拳头伸出去，结果往往是两败俱伤，殊不知在这种时候，用看似柔软的舌头，讲出适宜的言语，反而会有更好的效果。这就体现了太极"以柔克刚"的奥义。

借力用力也是太极的一大特点。俗话说"山头的小草比树高"，就是这个道理。在平时与他人的交谈中，我们就应该运用好"借力用力"这一方法。任何话语都不要轻易脱口而出，先听听别人说什么，然后在别人所说的话的基础上，加上自己的言论，这样往往能让自己的话更有说服力。

凯莉依仗自己的权势素来目中无人，尤其喜欢刁难和嘲笑他人。

一日，她对同事迈克说："先生，您知道世界上最锋利的是什么吗？"

"不知道。"

"就是您的胡子呀！"

迈克摸摸胡子，知道对方又在嘲笑自己了，不过他假装不知道，继续问道："为什么？"

"因为我发现您的脸皮已经够厚了，而它们居然还能破皮而出。"

迈克听完，不仅没有生气，还笑着反问道："小姐，那你知道你为什么不生胡子？"凯莉自然不知道，她还沉浸在自己的得意当中。

"因为你脸皮更厚，连尖锐、锋利的胡子都无法钻破。"迈克巧妙地接过凯莉的话，让自己的话更有"杀伤力"。

凯莉被自己的话伤到，虽气愤异常却无从反驳。

牛顿曾说过："如果说我看得比别人更远些，那是因为我站在巨人的肩膀上。"这句话完全可以改成"如果说我说的话比对方更有力，那是因为我站在对方的肩膀上"。如果你也能经常"硬话软说"或是"借话回话"，相信你的言语一定更加出彩！

沉默是一种智慧

慷慨激昂地高谈阔论,固然能够从气势上压倒对方,但是,如果对方也气势汹汹、咄咄逼人呢?场面就难免会陷入尴尬,那么如何缓解这种尴尬的场面,就需要我们用点儿智慧了。

有过谈判经验的人一定对谈判桌上那种针锋相对的气氛印象深刻。在利益上的你争我夺,是很直接的竞争关系,所以谁也不敢马虎。但是有没有人想过在谈判桌上的沉默也能带来意外的收获?

第一次世界大战后,土耳其靠自己的力量打败了甘愿当英国附庸的希腊,走上了独立的道路。英国为巩固自己的势力范围,准备严惩土耳其。于是,英方集结了法、美、意、日、俄、希腊等国的各派代表,与土耳其代表在洛桑谈判,企图胁迫土耳其签订不平等条约。

英国的代表是外交大臣柯尊,柯尊身材魁梧,声如洪钟,是名震世界的外交家;而土耳其的代表伊斯美,不仅身材矮小,耳朵还有些背,别说在国际上无人知晓,他在国内都默默无闻。

柯尊非常轻视伊斯美，在谈判桌上态度十分傲慢、嚣张，英国的其他代表也盛气凌人，但是伊斯美态度从容、气定神闲、毫无惧色。特别是他的耳背发挥了特殊的作用：对土耳其有利的发言，他全听到了；不利的话，他全当没听到。

当伊斯美提出维护土耳其权利的条件时，柯尊大发雷霆、挥拳吼叫、咆哮如雷，甚至不断恫吓、威胁伊斯美。各国代表也气势汹汹地围着伊斯美，但伊斯美却什么话也不说。一直等柯尊等人声嘶力竭地叫嚷完了，他才不慌不忙地将身子转向柯尊，十分温和地说："你刚才说什么？我还没听明白呢。"气得柯尊等人直翻白眼，半天说不出话来。

伊斯美巧妙地利用适时沉默的技巧，不与各国代表正面交锋，也没有言辞犀利的辩词，而是恰到好处地用沉默大搞心理战，三个月后，土耳其终于在谈判桌上取得了胜利。

在商业洽谈中，这样的方法同样奏效。

有一次，三名日本航空公司的代表前去美国与某服务公司的人员洽谈合作事宜。美方人员显然做足了功课，他们已经仔细地研究过了日本公司的资料，早就想在谈判桌上大显身手。

在谈判之初，美方人员就滔滔不绝地说了起来。他们从两公司的历史说起，一直说到合作的经历，最后终于说到要是两公司能合作，他们一定会给日本公司带来极大的效益，所以对方应该继续压缩报价。在滔滔不绝地说了一小时后，他们满意地坐了下来，心想这样的攻势日本人肯定招架不住，于是边笑边看着这几个还未发一言的日本人。

几个日本商人却继续呆坐在那里。

然后，美方代表得意地问道："我们说完了，你们有什么看法？"

"很抱歉，我们没有听懂。"日本人略带抱歉且礼貌地回答道。

美方代表心里一惊，不安地问道："你们什么意思？哪里没听懂？我们可以再解释一下。"

"你们讲的全部。"日本人保持着他们彬彬有礼的态度，"要是不介意的话，你们再全部给我们讲一遍吧。"

美方代表顿时心灰意冷，没想到己方滔滔不绝轮番上阵的精彩讲解，对方竟一句没听懂，顿时信心和耐心全没了，谁也没有从头再说的热情和自信了。最后，美方代表接受了日方的报价，结束了谈判。

由此看来，在谈判中，适时的沉默是一种软性策略，不动声色、大智若愚、伺机而动，也能克敌制胜。

"冷热水"效应

我们来做一个实验,将一杯温水、一杯冷水和一杯热水放在同一桌面上。首先,将你的手放在冷水中,然后再放到温水中,你一定会感到温水很热。之后,你重新开始实验,先将手放在热水中,取出后再放到温水中,这时手会觉得温水的温度降低,甚至有点凉。同一杯温度未变的温水,由于手放入之前接触到的水的温度不同,从而出现了两种不同的感觉,这就是"冷热水效应"。

这种现象的出现,是由于人人心里都有一杆秤,只不过秤砣并不一致,也不固定。人们心中的秤砣会随着心理的变化而变化。当秤砣变小时,这杆秤称出的物体重量就大;当秤砣变大时,这杆秤称出的物体重量就小。人们对事物的感知,也会受这种"秤砣效应"的影响。所以,我们可以运用这种效应,让自己在与他人的相处中更加自然得体。

1. 运用"冷热水效应"获得对方好评

我们都知道，人在事业上难免会遭遇滑铁卢，难免会有不小心伤害他人的时候，难免会有需要对他人进行批评指责的时候，如果在这些事情上处理不当，就会损害自己在他人心目中的形象。如果巧妙地运用"冷热水效应"，不但能够避免这种状况的出现，而且会获得他人的好评。

当事业上遭遇滑铁卢的时候，不妨把可能出现的最糟糕的事态预先告知与你合作的人，这样就算真的到了最糟糕的境地，也已经让共事的人有了心理准备，如此一来，大家就能共同面对，一起走出事业的谷底；当不小心伤害了他人的时候，不妨多道歉几次，这样不但可以显示出你的诚意，而且很可能化干戈为玉帛；当要批评他人时，不妨事先说明事情原委，这样更容易令他人接受，使对方体会到你的用心良苦。

这些运用"冷热水效应"的做法，实质上就是先通过一两处"伏笔"，使对方心中的"秤砣"变小，如此一来，对方心中的那杆秤称出的重量也就变大了。

2. 运用"冷热水效应"使对方同意自己的观点

鲁迅先生说："如果有人提议在房子墙壁上开个窗口，势必会遭到众人的反对，窗口肯定开不成。可是如果提议把房顶扒掉，众人则会相应退让，同意开个窗口。"这句精辟的论述，谈的正是运用"冷热水效应"使对方同意自己的观点。

"冷热水效应"可以用来劝说他人，如果你想让对方接受"一盆温水"，为了避免对方拒绝，不妨先让他试试"冷水"的滋味，再将"温水"端上，如此一来，他就能欣然接受了。

在人际交往中，只有使他人心中的"秤砣"变小，"冷热水效应"才能发挥好的作用；如果使对方心中的"秤砣"变大，就会出现副作用了。人与人交往，应尽量避免这些副作用的出现。

最后说一句，一个人只有保持心中的"秤砣"前后一致，才能正确地评价自身和外在的事物。

学会转移话题

在与别人谈话的过程中，把握话题是十分重要的。比如和某人初次见面时，为了避免冷场，你需要找到大家都感兴趣的话题。如果别人纠缠于你不喜欢的话题，你要知道如何巧妙地把话题转开，避免自己陷入尴尬的境地。其实转移话题的技巧很多，比如你可以"节外生枝"。

谈话的话题总有一个中心，如果你想把话题转开，只要避开这个中心即可。比如别人和你聊你不喜欢的篮球，你可以转到同是球类运动的足球或排球上；如果对方硬拉着你聊美容，你可以转到健康上……总之在你做跨度不大的转移时，更容易成功。你的过渡和移花接木的手法要自然而巧妙得让人无法察觉，然后你面临的问题就会迎刃而解。

除了"节外生枝"外，还可以"先声夺人"。在别人的话题还没有完全展开之前，你便把自己想说的话题插进去，让对方跟着你的思路走。这样一来可以充分宣示你的主动权，让你对话题时刻都有掌控力。

还有一种方法是"装疯卖傻"。如果别人一直在说你不喜欢的话题，你可以装作听不懂，让对方觉得你无法参与进去。时间一长，他自己也会觉得无趣，这样你再开始新的话题就变得容易多了。

当然，转移话题的时候要注意的问题还有许多。你不能转移得太生硬、太直接，不然别人会觉得你太过自我，所以转移话题时一定要做到自然而然。要在别人不知不觉中将话题转移，这样你才能在别人不反感的情况下展示自己的口才。

李白是唐朝著名诗人，当时有位宰相叫杨国忠，十分嫉妒李白的才华，总是想方设法地找机会刁难他。

有一天，杨国忠忽然想出一个办法刁难李白，他叫用人去请李白，说是要对三步诗。所谓三步诗是指在三步之内作出一首诗，其难度可想而知。可杨国忠的计谋不止如此，他还提前想好了上联，就等着李白出丑了。

李白应邀而来，一只脚刚踏进门，杨国忠便出题道："两猿截木山中，问猴儿如何对锯？"这里的"锯"和"句"是谐音，表面上说锯木头，其实是说对诗，而猴儿，当然是指李白。

李白自然明白他的用意，微微一笑，从容地说道："宰相起步，三步内对不上，算我输。"

杨国忠觉得李白已经中计了，心中暗喜，便想赶紧走完三步。不想第一步刚跨出来，李白便指着他喊道："匹马陷身泥里，看畜生怎样出蹄？"这里"蹄"谐"题"，不仅暗讽杨国忠"出蹄"，"畜生"一词更是直指杨国忠，与上联对得可谓天衣无缝。

杨国忠本想好好羞辱李白一番，却不想被李白嘲讽得颜面尽失。

其实李白早就看出了他的用意，他只是假装中计，然后在对方得意时一击制胜。

这个计策，讲究的是不动声色，明知对方恶意刁难，却不直接点破，让对方以为自己的计谋已经成功了，然后在对方得意忘形地大肆发难之际，给他"致命一击"，将话题转移到对方身上。

言有尽而意无穷

话中有话是指在一定的语境中,说话者另有所指。遇到不便直言或不能直言的情况,不妨采用这种方式,没准会产生意想不到的效果。

马克·吐温就是善用这种方法的高手。他不仅以文章善于讽刺、充满谐趣而著称,在现实生活中,亦言语犀利。

有一个为富不仁的富翁,他的左眼因意外失去视物能力,无法复明。后来,他花了大把的钞票,装了一只假眼。这只假眼做得惟妙惟肖,宛如真的眼睛。

这个富翁得意极了,逢人便问:"请你猜一猜,我的眼睛哪一只是假的?"每当回答者猜错了,他便更加得意。当然,大部分人是曲意逢迎:"阁下真是财大命好,连假眼也做得跟真眼一样。"每当听到这种话,富翁就会得意忘形。

有一回,他遇到了马克·吐温,为了炫耀自己的假眼,他又提出了那个猜一猜的老问题:"请你猜一猜,我的眼睛哪一只是假的?"

马克·吐温毫不犹豫，立刻指着富翁的左眼说："这只眼睛是假的。"

富翁不解地问道："你怎么知道的？"

马克·吐温回答道："因为从你的左眼中，我看到还有一丝慈悲。"

马克·吐温的言外之意想必大家都能明白。马克·吐温就用这种方法，既讽刺了为富不仁的富翁，也没有让自己陷入尴尬的境地。

有一位英国伯爵，因为骑马时不小心，手受了点轻伤，擦破了点皮，有一些轻微的疼痛。伯爵自认地位高贵，硬是要全城最好的医生威廉来给自己治病。

威廉见到这位自鸣得意的"病人"后，十分仔细地给他做了检查。看到这位全城最好的医生如此认真，伯爵不免有些得意。

突然，威廉医生大声对着伯爵的仆人喊道："快，快去药房取药，一定要快啊。"

这下可把伯爵吓得不轻，心想不会真的有什么大问题吧，他脸色苍白地问威廉医生："怎么了，我的伤口是不是很危险？不会有大问题吧？"

"是的，"威廉医生表情严肃、语调急促地说道，"如果您的仆人不尽快取来药的话，那么我担心……"

"将会发生什么意外？"伯爵连大气都不敢出。

"我担心，在他回来之前，您的伤口已经愈合了。"

这个故事实在好笑，伯爵的尴尬可想而知。生活中我们也常常遇到这样的"病人"，一点小事恨不得搞得满城风雨，遇见这类人，不妨也学学这位医生，面对如此自命不凡的"病人"时，把自己真正的想法和态度隐藏在将要说的话里。

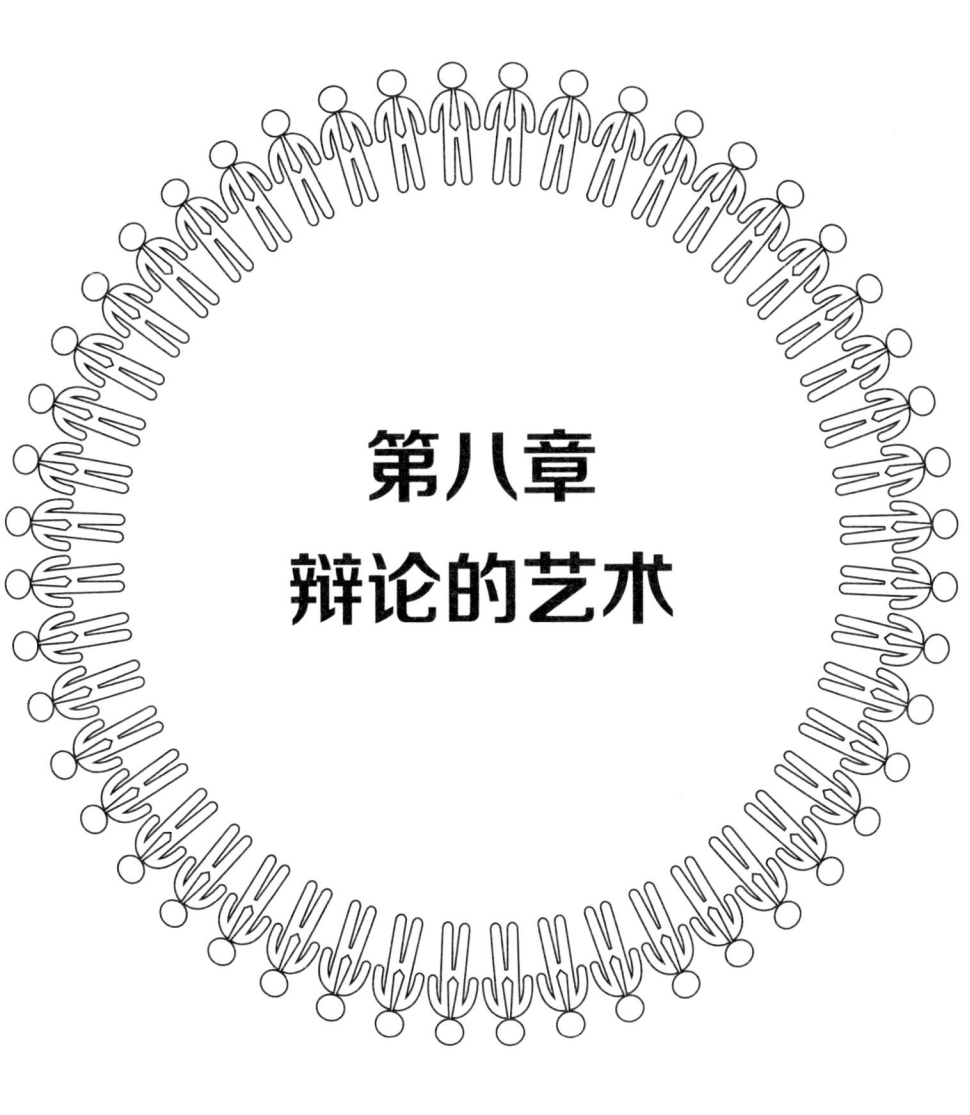

第八章
辩论的艺术

以谬制谬

其实在辩论中,取胜的最好法宝是:以其人之道,还治其人之身。

从前有个吝啬的地主,雇了三个小孩当长工。一年冬天,大雪纷飞,孩子们要求地主给点柴火,用来生火烧炕取暖。

但是,狠心的地主说:"怕什么冷?俗话说'小孩屁股三把火',要烧什么炕?"硬是让孩子们睡凉炕。

有一天,地主家来了客人,地主便吩咐孩子们去烧开水,可是等了老半天,还不见开水烧出来。地主急忙到厨房一看,只见地上放着一壶凉水,而孩子们正屁股对着水壶,坐着聊天呢!地主看了勃然大怒,大声喝道:"你们在搞什么名堂?"

"烧开水呢!"

地主听完,更是火冒三丈:"你们连火都不点,怎么烧开水?"

其中一个小孩不慌不忙地答道:"老爷,您不是说过吗?小孩屁股三把火,我们三人共有九把火,怎么会烧不开呢?"地主又气又恼,但又不好发作。

孩子们巧妙地引用了地主说过的话,让地主无可奈何。

在与他人辩论时,要懂得洞察对方的论点,看其论点是否真实,其论据是否能支持论点,推理过程是否符合逻辑,如果这些都是否定的,我们就可以把对方的荒谬论点夸大,使其暴露得更为明显,以达到反驳的目的。下面我们看这样一个实例:

一个年轻人想去发明家爱迪生的实验室工作。爱迪生问他有什么志向,年轻人满怀信心地说:"我想发明一种万能溶液,它可以溶解一切物品。"

爱迪生听罢,惊奇地问:"那么你想用什么器皿放置这种万能溶液呢?"

年轻人面红耳赤,哑口无言。

爱迪生从"溶解一切物品"这个概念出发,引出并指明其自相矛盾之处,从而轻而易举地驳倒了年轻人的观点。

据理力争

我们先来看一个记录在《战国策》中的故事：

秦王使人谓安陵君曰："寡人欲以五百里之地易安陵，安陵君其许寡人！"安陵君曰："大王加惠，以大易小，甚善；虽然，受地于先王，愿终守之，弗敢易！"秦王不说。安陵君因使唐雎使于秦。

秦王谓唐雎曰："寡人以五百里之地易安陵，安陵君不听寡人，何也？且秦灭韩亡魏，而君以五十里之地存者，以君为长者，故不错意也。今吾以十倍之地，请广于君，而君逆寡人者，轻寡人与？"唐雎对曰："否，非若是也。安陵君受地于先王而守之，虽千里不敢易也，岂直五百里哉？"

秦王怫然怒，谓唐雎曰："公亦尝闻天子之怒乎？"唐雎对曰："臣未尝闻也。"秦王曰："天子之怒，伏尸百万，流血千里。"唐雎曰："大王尝闻布衣之怒乎？"秦王曰："布衣之怒，亦免冠徒跣，以头抢地耳。"唐雎曰："此庸夫之怒也，非士之怒也。夫专诸之刺王僚也，彗星袭月；聂政之刺韩傀也，白虹贯日；要离之刺庆忌也，苍鹰击于殿上。此三子者，皆布衣之士也，怀怒未发，休祲降于天，与臣而将四矣。若士必怒，伏尸二人，流血五步，天下缟素，今日是也。"挺剑而起。

秦王色挠，长跪而谢之曰："先生坐！何至于此！寡人谕矣：夫韩、魏灭亡，而安陵以五十里之地存者，徒以有先生也。"

在这一过程中，唐雎针对秦始皇的贪得无厌，临危不惧、据理力争，甚至以死相搏，终于使秦始皇心虚胆战而作罢。凭借勇气，提升气势，步步逼近，是针锋相对的基本要点，掌握了此法，在辩论中才能体会到"魔高一尺，道高一丈"的真正含义。

冯玉祥是民国时期国民革命军陆军一级上将，在他任陕西督军时，得知有两个外国人私自到终南山打猎，并打死了两头珍贵的野牛，于是命人把他们带到自己面前，然后责问道："你们到终南山行猎，和谁打过招呼？领到许可证没有？"

对方答："我们打的是无主野牛，用不着通报任何人。"

冯玉祥听了，十分愤怒地说道："终南山是陕西的辖地，野牛是中国领土内的东西，怎么会无主？你们不经批准私自行猎，就是违法。"

两个外国人狡辩说："这次到陕西，在贵国发给的护照上，不是准许带枪吗？可见我们打猎已经获得了贵国政府的许可，怎么是私自打猎呢？"

冯将军反驳说："准许你们携带猎枪，就是准许你们打猎吗？若准许你们携带手枪，难道就表示你们可以在中国境内随意杀人吗？"

其中一个外国人不服气，继续说："我在中国生活十五年，所到之处没有不准打猎的，再说，中国的法律也没有规定外国人不准在中国境内打猎。"

冯将军冷笑着说："中国目前的确没有规定外国人不准打猎的条文，但是，难道就有准许外国人打猎的条文吗？你十五年没遇到官府的禁止，那是他们昏庸。现在我身为陕西的地方官，我负有国家人民交付的保家卫国之责，就非禁止不可。"

至此，这两个外国人也只能承认错误。

冯玉祥用极强的责任感与昂扬的气势捍卫了一个中国将军的尊严，也捍卫了国家的尊严。

在面对他人的咄咄逼人时，不要一味地妥协退让，而是应该据理力争，然后再在气势上压倒对方，这样一来，优势自然就落到了你这一方。

声东击西

声东击西的辩论，就是通过曲折隐晦的语言形式，把自己的思想、意见向对方暗示。这种语言表达方式既可达到批评的目的，又可避免难堪的场面。

清朝著名才子纪晓岚不仅才华横溢，而且口才极佳，数次在乾隆皇帝面前把要"掉"的脑袋保住了。

有一回，乾隆皇帝想开个玩笑以考验纪晓岚的辩才，便问纪晓岚："纪爱卿，'忠孝'二字当做何解释？"

纪晓岚答道："君要臣死，臣不得不死，是为忠；父要子亡，子不得不亡，是为孝。"

乾隆皇帝立刻说："那好，朕要你现在就去死。"

"臣领旨！"

"你打算怎么个死法？"

"跳河。"

"好吧！"乾隆皇帝当然知道纪晓岚不可能去死，于是静观其变。

不一会儿，纪晓岚回到乾隆皇帝跟前，乾隆皇帝笑道："纪爱卿何以未死？"

"我碰到屈原了，他不让我死。"纪晓岚回答。

"此话怎讲？"

"我走到河边，正要往下跳时，屈原从水里向我走来，他说：'纪晓岚，你此举大错矣！想当年楚王昏庸，我才不得不死，可当今皇上如此圣明，你为什么要死呢？你应该回去先问问皇上是不是昏君，如果皇上说他跟当年的楚王一样是个昏君，你再死也不迟啊！'"

乾隆皇帝听后，放声大笑，连声称赞道："好一个如簧之舌，真不愧为雄辩之才啊。"

这里，乾隆皇帝是根据纪晓岚提出的"君要臣死，臣不得不死，是为忠"之论叫他去死。此令顺理成章，纪晓岚无论如何狡辩，皆无道理，只有迂回出击，方能主动创造契机。于是纪晓岚发出了"如果皇帝承认自己是昏君，他就去死"的言论。而乾隆皇帝当然不会承认自己是昏君，所以，纪晓岚很自然地就让自己免于"赴死"了。

纪晓岚巧用"迂回出击"的技巧，在毫不损害乾隆皇帝颜面的情况下，既拍了皇帝的马屁，又点出他的无理之处，还找到了一个自己不应该死的充分理由。

对于一些不能得罪的人提出的难题，不要急于做正面的反击。可以采用迂回的策略，尽量避开对手的优势，抓住对方的漏洞，进攻其薄弱环节，然后不动声色地予以反击，从而克敌制胜。

战国时，鲁班替楚国监造云梯，并准备用它来进攻宋国。

墨子听到这个消息后，就从齐国动身，走了十天十夜，来到楚国的郢都见鲁班，并劝他不要为楚国造云梯去攻打宋国。

鲁班问："先生有什么指教？"

墨子故意说："现在北方有人想侮辱我，我想借您的力量杀了他，事成之后，我送您一千两黄金。"

鲁班很不高兴地断然拒绝道："我是讲仁义的人，不能随便杀人。"

墨子见鲁班口称"仁义"，立即借题发挥，慷慨激昂地说："请允许我向您进言。我在北方听说您造了云梯，要去攻打宋国。宋国有什么罪呢？楚国本来就是土地多、人民少，却拼命在战争中葬送自己本来就不足的人民，以争夺更多的土地，这不是很不明智吗？宋国没有罪却要去攻打它，不能算仁爱；懂得这个道理，却不身体力行地以理抗争，不能算忠臣；抗争不达到目的，不能算坚强；杀一个人认为是不义，却去杀多数人，不能算会类推事理。"

鲁班被说得哑口无言，只好承认自己为楚国造云梯去攻打宋国是错误的。

声东击西是辩论中常用的一种技巧。明说东、暗指西，"声东"是假象，意在隐藏真实的意图，"击西"则是目的，最后全力出击。

墨子先以请求鲁班助杀北人的话来"声东"，诱使鲁班亮出"我是讲仁义的人，不能随便杀人"的观点。这既为墨子的下文蓄势，也为墨子的"击西"提供了所需要的大前提，墨子立即抓住话机，以鲁班造云梯以备攻宋的铁的事实和此举一不智、二不仁、三不忠、四不义的雄辩分析，向鲁班连番责难。这段"击西"字字千钧，句句透辟，鲁班欲辩无词，除了认错，别无他路。

就坡下驴

"就坡下驴"是一种辩论技巧的具体比喻。当对方的观点对你有利时，不妨先承认他的说法，然后在他的观点上添加一些你独有的东西，一招胜敌，就如同"借梯登高"一样。

在美国内战之后的一次竞选中，参加过内战的一名战士约翰·爱伦与内战中的英雄陶克将军同时参选国会议员。从地位和功勋来说，约翰·爱伦显然处于劣势，然而经过一次竞选演讲后，约翰·爱伦以绝对优势取得了胜利，下面让我们看看他们是如何竞演的。

功勋卓著并曾三次被选为国会议员的陶克将军在竞选演讲时说："诸位同胞，记得在十几年前的一个晚上，我曾带兵在茶座山与敌人激战，浴血奋战之后，我在山上的树林里睡了一个晚上。如果大家没有忘记那次艰苦卓绝的战斗，就请在选举时不要忘记那个风餐露宿而屡建战功的人。"

陶克将军想通过列举自己的战绩，唤起选民们对他的信任。他的话果然引起了民众的阵阵掌声和欢呼。

轮到约翰·爱伦演讲了，他说："同胞们，陶克将军说得没错，他确实在那次战争中立了功，我当时就是他手下的一名无名小卒，和他一样出生入死，冲锋陷阵。这还不算，当他在树林中安睡时，我携带着武器，站在荒野上，忍受着寒风雨露来保护他。"

他的话音一落，民众中立刻响起更为热烈的掌声。论功绩，约翰·爱伦当然比不过陶克将军，但他巧妙地避开这些话题，只就在山上露宿保卫将军这一点来讲，着意使民众明白：将军虽然辛苦，毕竟还可以在树林中安睡，但战士还要站岗保卫他。

这就是约翰·爱伦取得选民同情的原因，最终民众选择了他。

运用"就坡下驴"的方式，首先要认同对方观点，顺应对方的逻辑进行推导，并在推导中根据我方需要，设置某些符合情理的障碍，从而增加胜算。

日本有个聪明绝顶的小和尚一休。有一次，大将军足利义满把自己最喜爱的一只龙目茶碗暂时寄放在安国寺，没想到被一休不小心打碎了。恰在这时，足利义满派人来取龙目茶碗。

大家顿时大惊失色，不知所措，茶碗已被一休打碎，拿什么去还呢？

一休道："不必担心，我去见大将军，让我来应付他吧！"

一休对将军说："有生命的东西到最后一定会死，对不对？"

足利义满回答："是。"

一休又说道："世界上一切有形的东西，最后都会破碎消失，是不是？"

足利义满回答："是。"

一休接着说:"这种破碎消失,谁也无法阻止是不是?"

足利义满还是回答:"是。"

一休和尚听了足利义满的回答,露出一副很无辜的神情接着说:"义满大人,您最心爱的龙目茶碗破碎了,我们无法阻止,请您原谅。"

足利义满已经连着回答了几个"是"字,所以他也知道此事不宜再严加追究了。一休和尚和安国寺便这样安然地渡过了这一难关。

在辩论中,开头切勿涉及有争议的观点,而应顺应对方的思路强调彼此有共同语言的话题,然后从对方的角度提出问题,诱使对方承认你的立场,然后顺着对方的话将自己的观点表达出来。

攻心话术

古人云,"心战为上,兵战为下",意思是"攻心"才是真正的上策。辩论犹如用兵,辩论中的"攻心"就是揣度对方心理,注意辩论对策的合理性和合意性,然后根据对方的心理变化,不断变换语言攻势,逐渐瓦解对方的斗志。

第二次世界大战期间,丘吉尔于圣诞节前去了美国,希望说服美国和英国结盟,立即对德宣战,以扭转英国所面临的危机。可是当时不少美国人对英国人不抱好感,所以多数人反对介入对德战争,这无疑给丘吉尔的说服工作增加了难度。

但丘吉尔不愧是著名的演说家,他在进行说服工作时十分擅长运用攻心技巧,用情感来打动美国人,化解了他们与英国对立的情绪,使他们转变态度,从而支持政府援助英国,参加对德作战。

丘吉尔说:"我远离祖国,远离家园,在这里欢度这一年一度的佳节。但我并不觉得寂寞孤独。或许是因为我母亲的血缘关系,或许是因为我在这里得到了许多友谊，让我根本不觉得自己是个外来者。我国的人民和你们讲着同样的语言，有着同样的宗教信仰，追求着同样的理想。我感受到的是一种和谐的、亲密无间的气氛。在一片战争的混乱中，今晚，每一颗宽容无私的心灵都将得到安宁。因此，至少我们可以在今晚，把那些困扰我们的各种担心和危险搁置一边，并在这个充满风暴的世界里，为我们的孩子准备一个幸福的夜晚。那么，此时此刻，在今天这个夜晚，每一个家庭都应该是一个有阳光普照、幸福和平的小岛。"

丘吉尔从两国人民间共同的语言、宗教信仰、理想以及长期的友谊切入，将这些共同点作为相互信任、相互了解的基础，并把它提出来，用过一个"阳光普照、幸福和平"的圣诞节这样的话语，打动了无数美国人的心，使他们改变反战立场转而与英国结盟。

第九章
有时候"怼人"是必要的

不要一味地退让

喜欢攻击别人的人，他们往往自以为是地觉得自己站在了道德的制高点，总是摆出一副盛气凌人的样子对别人横加指责，然后一脸得意地看着对方的窘态心中窃喜。这样的人很强势，不允许别人质疑自己的话。如果我们不幸遇到了这种人，那么我们就需要强势地还击了。

起初我们往往会处于弱势，这就更需要在还击的时候增强气势，只有强势的还击才可以让对方看到你坚决的态度。一个已经处于弱势的人，在还击的时候若是依然没有气势，那么他就会一直弱下去。

在如何应对别人恶言相向的问题上，孔融给我们树立了好榜样。

汉末文学家孔融，字文举，他 10 岁那年随父亲来到洛阳。当时正在担任司隶校尉的李膺声名显赫，来拜访他的不是显要人士，就是他的亲戚。

孔融来到他家门前，向役吏说明自己是李膺的亲戚，才由役使带领到李膺面前。

李膺问："你和我有什么亲戚关系？"

孔融回答："过去我的祖先孔子与您的祖先老子有师生之谊,所以我和您是多少代以来的通家交情啊。"

李膺问："你要吃点什么吗?"

孔融回答："好的。"

李膺说："我来教你做客的礼貌,只能推辞,不能答应主人。"

孔融反唇相讥："我来教你当主人的礼貌,只管摆上食品,不要问客人吃不吃。"

李膺没办法,只好说："可惜我快死了,不能看见你飞黄腾达的那一天。"

孔融说："您离死还早呢!"李膺问他有什么根据。

孔融回答:"正所谓'人之将死,其言也善'。您刚才说的话很不友善,所以还没有到死的时候。"

此时大夫陈韪也来了,正巧听到了这些话,于是说道:"小时聪明,长大不一定杰出!"

孔融回答:"想必您小时候一定聪明。"

陈韪顿时哑口无言。

在这个故事里,连番发难于孔融的李膺和陈韪也非等闲之辈,他们在看似平常的语句中绵里藏针。好在孔融机智过人,简洁却有力地进行了回击。

美国著名诗人惠特曼也遇到过类似的情况。由于他是一个公众人物,且声名大噪,妒忌他的人不在少数,以至于他经常在公开场合被人发难,但他总是以他独有的略带讽刺性的幽默语言进行还击。

一次，惠特曼在大会上演讲，他用自己诙谐幽默、锋芒毕露、铿锵有力的演讲获得了在场听众的阵阵掌声。

忽然台下有人大喊道："惠特曼先生，您讲的笑话我不懂！"

"莫非您是长颈鹿？！"那人话音刚落，惠特曼便感叹道，"只有长颈鹿才可能在星期一划破了脚，到星期日才感觉到疼！"

话毕，不少观众都窃笑起来。

"我应当提醒你，惠特曼先生，"那位观众不依不饶，挤到主席台前嚷道，"拿破仑有句名言，就是'从伟大到可笑，只有一步之遥！'"

"不错，从伟大到可笑，只有一步之遥。"他边说边用手指着自己和那个人。

最终，那位观众在大家的嘲笑声中狼狈地走出了会场。

他人的指责和非难，往往出乎我们的意料，并且总是如暴风雨般突然来袭，意图在我们没有准备的时候将我们打倒。这时就应该像惠特曼一样，毫不犹豫地给对方最致命的反击。

如果反击的方式不合理，不仅不能命中对方要害，自己的利益也得不到维护，还可能给旁观者留下恼羞成怒的印象。所以我们在遇到这样的情况时，应该像孔融和惠特曼一样，不仅不忍让退缩，还要以更强势的态度进行有力的回击，让发难者无处可逃，自食其果。

第九章
有时候"怼人"是必要的

攻其不备，出其不意

有些人喜欢攻击别人，这样的人明枪明炮的倒还好还击，你抓住机会狠狠地回击便是。但是还有些人自以为有些小聪明，在为难你的时候还给你设了一个套，让你在不知不觉中落入他们的陷阱。其实这样的人也不难对付，他们不是很为自己的小聪明得意吗？那么你就先满足他们的骄傲自大，因为人在得意忘形时，防守能力会变得极低。

有一位以爱刁难人著称的富太太上街购物。此人极为虚荣，总是仗着自己的富有为难别人。

这天，在看到一个衣衫褴褛的小乞丐时，她又有了坏主意，想拿他取乐，便对那个乞丐说："我们有钱人的宠物的命都比你们穷人的命好！这样吧，你叫我的狗一声爸爸，我便给你十块钱。"

小乞丐知道眼前的这位富太太是在侮辱他。他先是眉头一皱，眼珠一转，突然像是想到了什么好主意似的，便开心地说道："喊一声给十块钱，要是喊十声呢？"

"那当然给一百块了。"富太太见自己的计谋得逞，越发开心，头也抬得更高了。

小乞丐躬下身去，抚摸了一下狗的皮毛，然后认认真真地喊了起来："爸爸！"

周围看热闹的人都聚了过来，想看看到底发生了什么事。富太太这下乐开了花，她尽可能地向周围人说明情况，生怕别人不知道。

小乞丐也不顾人多，一句接一句地叫着，一直喊了十句才停下来。富太太妖里妖气地笑了一阵，按照开始的约定给了小乞丐一百元。

周围看热闹的人更多了，他们都对着小乞丐指指点点，脸上露出不屑的表情。小乞丐看了看周围的情况，然后扯开嗓门，对着富太太大声喊了句"妈妈"，不仅如此，他还向她恭恭敬敬地鞠了一躬。

顿时，周围的人都大笑起来。

面对富太太的刁难，本来处于弱势的小乞丐几乎没有任何胜算。但小乞丐明知对方的圈套，还故意跳了进去，让富太太以为自己计谋得逞，自然就会得意忘形。小乞丐在这个时候突然反击，自然必胜无疑了！

阿凡提在市区开了一个染坊，因为手艺好，且为人和善，生意非常兴旺。整条街的人都把自己的布拿到他这里染。

有一个财主，满肚子坏水，看见阿凡提的生意这么好，心里十分嫉妒。他总想找机会刁难一下阿凡提，让他的店开不下去。

有一天，他拿了一匹布到阿凡提的染坊，让阿凡提给他的布染色。

见他来访，阿凡提深知来者不善，但还是和颜悦色地问道："您要染什么颜色啊？"

"我要染的颜色非常普通,它不是绿的,不是白的,不是黑的,不是蓝的,不是红的,也不是青的。总之它不是你平常看到的颜色。都说你染色手艺精湛,你不会染不出来吧?"

"没问题!"阿凡提已经明白了对方的意图,他边说边把布锁进柜子。

"那我什么时候来取呢?"财主见阿凡提已经掉进了陷阱,心中窃喜。

"你到那一天来取吧,那一天不是星期一,不是星期二,不是星期三,不是星期四,不是星期五,不是星期六,也不是星期日。"

财主愣在那里一句话也说不出来。

财主自负地以为能凭借自己的小聪明把阿凡提难倒,不想却让阿凡提给自己上了一课。

生活中像财主这样的人并不少,在遇到这样的人时,应该学学阿凡提,先让对方放松警惕,再攻其不备。

美国白宫的"蹭饭夫妇"事件,曾让美国民众对白宫的安保产生了质疑。舆论矛头更是直指美国特勤局主管,白宫保卫处也承受了很大的压力。

不过这位主管却在一次公开讲话中很好地化解了这场信任危机。他如是说:"就我局去年对有关白宫的120万来访者的视频监控以及和总统、副总统及其他人相关的1万处地点的安全保护的工作情况来讲,我们做得还不够好。"

他讲的这番话成功地将人们的注意力转移到了他们繁重枯燥的工作上。他有意提到这两个巨大的数字,也是为了让人们对他们的工作量有直观的认识。当人们知道了他们的工作是如此繁重和无聊时,就会原谅他们这次的疏忽。因为大多数人都觉得，在如此巨大的工作量下，犯一点点错误是在所难免的。这位主管不仅没有道歉，还很好地证明了自己的清白，以至于到最后别人也没觉得他是在辩解。最大的原因就是他找到一个很好的切入点，很好地将民众的关注点转移了过去，这种"出其不意"的方式挽救了他们在民众中的形象。

以其人之道，还治其人之身

古时候，有一个叫巧姑的妇女，聪明能干，把家务安排得妥妥帖帖。她公公张老汉一时高兴，就在大门上写了几个大字：万事不求人。这话被知府老爷看到了，心想这不是不把我放在眼里吗？那好，我就叫你来求我。

于是，知府老爷便命人将张老汉抓来，对他说："你说得出这种大话，想必有大本事。那好，限你在三天之内找出三件东西来，一头大公牛生的牛犊，灌得满大海的清油和一块遮天的黑布。要是找不到，就办你个欺官之罪！"

张老汉犯了愁，回家把话告诉巧姑。巧姑听后说道："您放心吧，我自有办法。"

三天后，知府老爷来了。进门便喊道："张老头快出来！"巧姑走上前说："禀大人，我公公没在家。"

"他敢逃跑！"

巧姑应道："他没有逃，生孩子去了。"

知府老爷感到荒唐，说道："胡说，世上只有女人能生孩子，哪有男人生孩子的？"

巧姑说："既然男人不能生孩子，那么大人为什么又要公牛生牛犊呢？"

知府老爷一时无言以对，只得说："这件不要他办了，那灌海的清油呢？"

巧姑说："请大人把海水抽干，我们马上就灌。"

知府老爷说："海有那么大，怎么抽得干？"

巧姑说："抽不干的话，海里全是水，油往哪里灌？"

知府老爷的脸一下子羞红了，便怒叫道："这一件也不办了，还有遮天的黑布呢？"

巧姑说："请问大人，天有多宽？"

知府老爷说："谁也没有量过，谁知道它有多宽！"

巧姑说："既然不知道天有多宽，那叫我们怎么去扯布呢？"

知府老爷再没话说，他红着脸，灰溜溜地钻进轿里离开了。

看完这个故事，我想很多人都会忍不住嘲笑知府老爷的窘态。细想来，巧姑是如何巧妙地回击了知府老爷？又是怎样使他陷于有口不能言的境地的？答案是"以其人之道，还治其人之身"。面对知府老爷的刻意刁难，如果硬碰硬地与其对抗，造成的结果是非常麻烦的，甚至会有掉脑袋的风险。好在巧姑聪明机智，抓住了知府老爷问题中的漏洞，再将问题推到知府老爷身上，让他哑口无言。

从前，有个叫丘浚的人去逛庙。庙里的老和尚见他十分寒酸，就对他格外冷淡。这时，恰好有一位官员也来逛庙，老和尚见了立马笑脸相迎，热情招待，毕恭毕敬。丘浚被冷落在一旁，十分尴尬。

这位官员离开后，丘浚质问老和尚："为什么对那位官员那样恭敬，对我却爱答不理？"

"你不懂，"老和尚急忙辩解道，"按我们佛门的规矩，恭敬就是不恭敬，不恭敬才是恭敬！"

丘浚听罢，哈哈大笑。

他猛然间抄起一根木棒，照着老和尚的头猛打，打得老和尚双手抱着头哇哇直叫。众人拦住丘浚，老和尚生气地质问道："你为何打人？"丘浚一本正经地说："既然你说恭敬就是不恭敬，不恭敬才是恭敬，那么，我打你就是不打你，不打你才是打你！"

老和尚满面羞愧，无言以对，周围的人也向他投去鄙夷的目光。

老和尚阿谀奉承、趋炎附势固然该打，只是以怎样的一种方式去教训他才合适呢？倘若直白简单地对其进行指责，倒不一定能使他清醒，弄不好还被他说成是自己无理取闹。丘浚则十分聪明，把老和尚辩解的逻辑运用到实际行动上，打了他，还让他无话可说。

这便是以其人之道，还治其人之身的妙处。用你的方法来回击你，倘若我错了，那么你也错了；如果我对了，你也无话可说。置对方于左右为难的境地，你就是赢家。

以退为进的说话策略

道格拉斯和林肯的辩论才能众人皆知。在历史上他们还发生过一次有趣的对话。

道格拉斯在总统竞选中输给了林肯。但他不服气，总想找机会羞辱一下林肯。在一次聚会中，道格拉斯遇到了林肯，于是道格拉斯来到林肯面前，大声对林肯说："总统先生，记得你以前只是个小商店的服务员，卖着劣质的酒和雪茄，你可真是个有风度的服务员啊。"很明显，道格拉斯想在众人面前让林肯难堪。

林肯也明白了他的意图，面对众人，他回答道："你说得一点儿没错，我以前的确当过服务员。那时候道格拉斯先生还是我的常客，我们分别站在柜台的两侧，可是现在我已经从那里走出来了，可道格拉斯先生你还站在柜台的那一侧，不肯离开。"

面对道格拉斯对自己的嘲笑，林肯并没有否认，乍看之下似乎是林肯示弱了，但这正是林肯以退为进的策略。他先大方地承认自己的过去，然后话锋一转，把两人的现状做了很好的对比，这种对比引起的反差，足够让发难者无地自容。

《史记·滑稽列传》中记载着这样一则幽默故事：

楚庄王十分钟爱一匹马，由于过于喜欢，楚庄王从来都不舍得骑这匹马。最后的结果是，这匹马因为太过肥胖而死掉了。楚庄王十分伤心，他命令全国悼念这匹马，并打算专门为这匹马准备一口棺材，且按照大夫去世时的礼节举行葬礼。

文武百官见皇上做出如此荒诞的事，纷纷上前劝阻。楚庄王心生怒火，下令谁再劝阻就砍了谁的头。

有个叫优孟的人听说了这件事后请命进宫，刚一进宫他就大哭起来。楚庄王问他为什么哭，优孟说："这匹马是大王最疼爱的马，楚国这么大，什么东西都有，倘若只以大夫的标准给马下葬，岂不是太委屈它了，枉费大王的一片疼爱之心啊！我觉得大王应该按照君王的标准来厚葬它。"楚庄王听后十分高兴，赶紧问他应该怎样下葬才最好。

优孟说："最好用上等的玉石做棺材，请最好的工匠雕刻上最精美的花纹，然后用梓木做外椁。还要建一座庙宇，给马立个牌位，放在里面，并追封它为万户侯。这样全天下的人就会知道，大王是贱人而重马了。"

楚庄王听到这里，终于醒悟了过来，并对优孟的一番苦心赞叹不已。

优孟看上去是顺着楚庄王的意思进言，不仅要将这匹马厚葬，甚至还要提高到君王的等级。而事实上他正是用这种以退为进的方法，表面上顺从楚庄王的言论，把事情推到极其荒唐的地步，让楚庄王明白自己的决定有多荒谬。这样一来，不仅提醒了楚庄王，还不会让他产生排斥的心理。

面对目标,很多人往往会急不可耐,不顾一切地向着目标前进。他们往往表现出风雨无阻、勇往直前的作风。有这样的魄力固然是好事,但是我们也要冷静下来想一想:这种做法在任何时候都合适吗?

在生活中,如果我们也遇到了类似上述故事中的情况,就不要一味地向前而将自己置于"死胡同"。我们不妨先退一步,避免正面的冲突,做出表面妥协的样子,然后循序渐进,步步为营,以退为进,让对方逐渐接受自己的观点或建议。

第九章
有时候"怼人"是必要的

不要慌不择"言"

冷静不下来的人，往往很难有所作为。我们的眼睛总是会被一些虚假的东西遮蔽，让我们难以看清真相，也看不到问题的本质。只有以冷静的头脑和理性的心态面对问题，我们才不会做出错误的判断。

动不动就失去理智的人，往往会一激动就慌不择言，导致不能很好地表达自己。那么怎样才能让自己更理性一点呢？答案便是及时让自己冷静下来。这两者看似风马牛不相及，实则不然。只有能够及时冷静下来的人，才能让理性的思维占据自己的头脑，这样不管遇到多么复杂的环境，都能去伪存真，看清事物的本质。

阿尔道夫·门采尔是19世纪德国成就最大的画家之一。他长得既矮小又丑陋，经常因此被嘲笑。但每次有低俗的人嘲笑他的长相时，他总能以自己独有的方式进行还击。

这天，当门采尔坐在饭馆里享受午餐时，进来了三个外国人，一位女士和两位先生，他们在他附近的一张餐桌旁坐下。门采尔抬头一看，发现那位女士正与另外两个同伴耳语，还不时打量自己。后来那三个人一起用略带歧视的眼光打量了门采尔一番后，哈哈大笑起来。

门采尔的脸顿时涨得通红，他知道对方肯定是在嘲笑自己的长相。但他什么都没说，而是取出随身携带的速写本认真地画起画来，他一边画一边不时地望向那位女士的脸庞。这三个人注意到了这一点，慢慢地，他们变得不自在起来，尤其是那位女士，脸上红一阵白一阵的。她不知道旁边这个长相丑陋的人想要干什么，却又不好直问，于是一副窘态地坐在那里。

门采尔依然不理会他们，像什么都没发生一样，依旧专注地作画。

终于，三人中的一位男士忍不住了，他站了起来，走向门采尔，然后愤怒地说道："先生，你怎么能在没有经过别人允许的情况下就擅自将别人画进画里，这样是很不礼貌的你知道吗？"

"先生，"门采尔很有礼貌地回答道，"这哪里是一位女士，你仔细看看，这分明就是一只鹅啊！"他一边说一边把速写本递给那位男士看。

这位男士见自己冤枉了人，就连忙道歉，面露难色地回到自己的座位上，而其他顾客见此情景却不禁大笑起来。原来门采尔画的是一只引颈高叫的肥鹅，那个男人并不知道鹅在德语中有骂人的一层含义，意为"愚蠢的女人"。见到其他顾客如此大笑，这三个人更加不知所措了。

在面对别人的嘲笑时，失去理智的人往往怒不可遏，甚至大打出手。这样不仅不能进行良好的反击，往往还会伤害了自己。因此我们不如学学门采尔，不被情绪牵着鼻子走，而是冷静下来，做出更有力的还击。

德国大诗人海涅因为自己犹太人的身份，常常遭到无端的攻击。在一次晚会上，一个旅行家故作神秘地说道："我发现了一个小岛，你们猜猜这个岛上有什么奇怪的景象？"

大家的兴趣一下被激发了起来，都兴致勃勃地等他的下文。

那个旅行家看到大家都等着他的下文，便得意地继续说道："这个岛上竟然没有犹太人和驴子！"说完还哈哈大笑起来。

人们纷纷看向海涅，都在猜测他要如何应对。

海涅不但没有生气，还微笑着说道："我有一个办法来弥补这个缺陷，那就是你和我一起去这个岛上！"话落的瞬间，大家都为海涅的机智鼓掌喝彩。

海涅之所以能做出如此精彩的回击，正是因为他能够冷静下来面对他人的挑衅，冷静的作用在这里不言而喻。所以，无论我们因何事愤怒，都应该让自己及时冷静下来。

在社交场合中，我们都可能遇到一些他人有意或无意的责难，要怎么去处理呢？是任由事件左右自己，还是主导事情的走向？在面临出人意料的场景时，多数人都会傻傻地愣在原地不知所措。要知道，在这样的时刻最需要的就是冷静、机智和果敢。

第十章
说话要有"聊效"

说话注意分寸

一个人具备幽默这一特点是件好事，这能帮助你更好地与他人沟通。但俗话说"物极必反"，过度的幽默就不是幽默了，因为变质的幽默不仅让人笑不起来，还可能会伤害别人，成为人与人之间矛盾的导火索。

那么，如果我们想要幽默的时候，应当注意哪些问题呢？

总的来说，应该注意以下三点。

首先，不要进行人身攻击。一定不要抓住对方的身体缺陷进行调笑，因为这种无情地揭开别人伤疤的行为，是把自己的快乐建立在别人的痛苦上，只会招来对方的反感和旁观者的厌恶。就如一些小品固然好笑，但也因为经常调侃弱势群体而遭到许多非议，甚至被观众抵制。

其次，不能冷嘲热讽。不管是否出于好心，冷嘲热讽的言语都会被别人理解为恶意的人身攻击，这样一来，只会让你陷入百口莫辩的境地。

最后，要对自己的幽默所造成的结果有预见性。比如，捉弄别人的恶作剧多数情况下会造成不好的结果。这就要求我们在明知某些行为可能造成不良影响的前提下，果断放弃这种看似幽默的行为。

上面说到了三个比较大的方面，下面是总结出来的一些在幽默时应该注意的小环节：

1. 幽默的时候一定要分情况、分场合

有些幽默只在特定的场合下才能起作用，放到其他的地方很有可能造成不小的误会。比如有个刚结婚的女同事正向大家炫耀自己老公多么体贴的时候，有个同事自以为幽默地来了句"那么体贴，怕是照顾过很多女孩子吧！"，场面瞬间就变得尴尬了。

2. 开玩笑的时候避免伤害别人

开玩笑的时候，只要在场的人中有一个因为你的幽默而受到伤害，那么你的幽默就是失败的。

记得在一次同学聚会的时候，有位同学讲了个笑话。他说："有两个精神病，一个穿红衣服，一个穿绿衣服，从医院里逃出来。两人逃到了一棵树上，不一会儿，穿红衣服的人从树上跳了下来。他对着还没有下来的同伴说：'你怎么还不下来呢？'只听那人说：'我还没熟呢！'"听完这个笑话之后，大多数同学都哈哈大笑起来，只有一位同学低下了头，原因很简单，因为他家有一个精神病患者。

那位同学当时的感受可想而知。虽然讲笑话的同学无意嘲笑，但嘲笑的效果已经产生了，对他人的伤害也已经形成了。所以说在开玩笑之前要尽量避免伤害到在场的任何一个人，即使无意的也不行。

3. 不要嘲笑别人的长相

长相是与生俱来的，不是个人可以左右的。所以嘲笑自己的长相没有关系，不仅不会伤害他人，而且能让别人看到你的豁达，但要注意的是，你千万不能去嘲笑别人的长相。"爱美之心，人皆有之"，尤其对于女性朋友来说，最不能忍受的就是别人拿自己的长相开玩笑。所以，对于别人的长相，我们应尽量以赞美为主。

4. 机会稍纵即逝，幽默也要抓住时机

有时候在别人说话时，恰巧有一句话可以让你发挥一下自己的幽默才华，此时你就要赶紧出手，不然等到大家聊到别的话题上，你的幽默就不合时宜了。如果在话题转移后，你还强硬地把幽默抛出去，不仅达不到幽默的效果，别人还会觉得你反应迟钝。

别落了对方面子

许多人把面子看得比什么都重,所以,会说话的人在说服别人的时候,懂得给人留面子,也懂得在必要的时刻给对方一个台阶。

也许有人会认为这样做太傻,殊不知有一个成语叫"大智若愚"。

在别人说错话或他人的认知存在明显错误的情况下,为了不伤他人面子,你可以在谈话中给对方铺台阶,可以假定对方在一开始时没有掌握全部事实。例如你可以这样说:"当然,我完全理解你为什么会这样想,因为你那时可能还不知道有这回事。在这种情况下,任何人都会这样做的。"或者,"最初,我也是这样想的,但后来当我了解到全部情况时,我就知道自己错了"之类的。

2009年1月13日,中央电视台一号演播厅进行了春节晚会的首场彩排。青年美声歌手王莉上场时不慎摔倒,单膝跪地,虽然她随后照常演唱,但现场气氛还是很尴尬。主持人董卿见状,急中生智,说道:"刚才王莉不小心摔倒了,好在没影响到她的演出。其实春晚就是这样一个舞台，能站在这里的都是最优秀的演员，大家都是摔倒了又爬起来才走到这里的！"董卿话音一落，全场爆发出热烈的掌声。

面对歌手摔倒这一尴尬局面，董卿机智地进行化解，从王莉"不小心摔倒"的情景，联想到台上诸多演员的奋斗经历，不仅寓意深刻地道出了一个优秀演员历经挫折后才能走向成功的道理，同时转移了大家的注意力，起到了缓和尴尬气氛的效果。

有一位女老师曾遇到过这样一件事：下课后班长向老师反映，昨天她爸爸送给她的生日礼物——一支黑色派克钢笔不见了。老师巡视了一下全班同学的表情，发现坐在班长旁边的学生神情惊慌，面色苍白。这位女老师明白了一切，却没有当面指出。因为如果当面指出，不仅没有证据，还会伤害这位同学，让他以后都没办法面对其他同学。于是，她想了想说："别着急，肯定是哪位同学拿错了，黑色的钢笔实在太多了，互相拿来拿去是经常发生的事。等会儿他看清楚了，一定会还给你的。"果然，下课以后，班长就发现自己的钢笔又回来了，不禁感叹老师真是料事如神。

人们难免会因一时冲动而做错事、说错话，或者得罪人。如果你此时以牙还牙，只会使事态变得更严重。这时直接戳穿也许并不是最好的办法，不妨给对方一个台阶下，这样反而能使对方产生愧疚感，并自觉改正错误，从而在不知不觉间就能达到说服他的目的。

学会讲故事

汉斯·迪特里希·根舍是德国著名的政治家、法学家，他于1974年至1992年担任德国外交部部长。根舍在任期间曾多次访问中国。

有一次他在和我国当时的外交部部长吴学谦会谈后的记者招待会上说："我认为这次讨论是有成果的，我只对一点感到失望。"在场的人听到这里无不心头一悬，吃惊地等着他说出下文。根舍停顿一会儿接着说道："我感到失望的是，根本没有一个问题是我同我的中国朋友可以为之争论的。"

在场所有人都松了一口气，同时也为根舍的才智暗暗叫好。

其实在这里，我们都能看出根舍是为能够和中国外交部部长的意见一致而感到高兴。但他一改常规的表达方式，以这样前后巨大的落差来表示，既贴切地表达了自己的想法，又展示了他作为外交部部长应有的睿智。

当然，我们普通人也许并没有机会出席这样隆重的场合。我们有的可能只是几个好朋友间的聚会，公司同事间的闲聊以及家人朋友间的寒暄。但是在这些场合，你也可以稍加修饰，让自己的话起到活跃气氛的效果。

你可以像根舍那样另辟蹊径，让自己的话语委婉且精准地描述当下的情景。

想要好好与人沟通，就一定要在语言上费心思，让自己说的话令人回味，讲的故事百转千回。

在给别人讲故事的时候，要想使自己的故事引人入胜，除了结尾要出人意料之外，在讲故事的过程中，你还要做到以下几点。

1. 分析故事中的人物

故事的情节和主题大都是通过人物的语言和行动表现出来的，所以我们在讲故事以前就要先研究人物的性格特征，以及人物之间的关系。比如我们要讲《皇帝的新装》这个童话故事，我们就要先分析其中几个主要人物的性格，然后把国王的愚蠢无知，骗子的狡诈阴险，大臣的阿谀奉承、不分是非，小孩的天真无邪等都用语言表现出来。

2. 掌握故事的语言特点

故事的语言不同于其他文学形式的语言，其最大的特点就是有较强的口语性和个性。所以当我们拿到一个材料时，不要马上就开始练习，而要先把材料改造一下，改成适合我们侃侃而谈的故事。

3. 反复练习

对材料做了以上的分析和加工后，我们就可以开始练习了。通过反复练习达到对内容的熟悉，最终能使自己的感情与故事中人物的感情相融合。经过用心准备、反复练习，你讲的故事定能博得满堂喝彩。

培养说话的魅力

声音是个很神奇的东西，它能够传达很多东西，有时还可以左右人的思想，甚至可以改变对方的决定。如果你能让声音变得更有味道，它甚至能让你比用了名贵的香水更有魅力。

但大多数人说话的声音都很大，尤其是当众讲话时，声音会提得很高，抑扬顿挫非常夸张，他们可能认为这是一种魅力，其实会给人一种造作之感。还有些人在说话时老带一个"嗯"字，其实这是缺乏自信的表现。

很少有人尝试降低自己的声音。也许你可以注意一下，当你把自己的声音变得低沉时，对方是一种怎样的表情。也许你会发现，你的声音越是沉稳，就越是吸引人。因为低沉的声音会显得说话的人很踏实稳妥，从而更容易获得他人的信任和尊敬。

声音可以影响人的判断力。沉稳的声音，很容易引起对方的好感，从而让他觉得你更能胜任某项工作，或者更具有领导能力。

声音还可以反映一个人的心态。细小、单调的声音，会让他人觉得你缺乏自信。音质宽厚、语调抑扬顿挫的声音，可以放射出你独特的性格魅力，并且能够增强交流的效果。

BBC（英国广播公司）在一个节目中，播放了几位世界级领袖人物的演讲片段，包括肯尼迪、丘吉尔、撒切尔夫人、伊丽莎白二世、马丁·路德·金等，要求听众辨别他们的声音。被测的人都能够准确地说出他们的名字，因为这些有巨大威望的领袖的声音都音质独特、有权威感，他们的声音也是吸引追随者的魅力之一。

经过训练的声音和没有经过训练的声音有很大的差别。你可以观察一下电视节目中的主持人和播音员，他们的声音是从腹腔发出来的，低沉有力度，自然不造作。

那么，如何训练自己的声音呢？

1. 声音也要经过修饰

声音质量包括：高低音、节奏、音量、语调。语调就像画图，会直接影响对方的反应。一个词语音调的变化就能表达很多种意思，你要试着找到最能表达自己感情的方式。

于美人在她的书里就讲过："许多人第一次听到自己的声音时都会非常惊讶。'我说话的声音有那么难听吗？'我也不例外。我第一次用录音机录下自己的声音来播放时，真的是吓了一大跳！我的声音不但不清晰，喉音和鼻音还都很重，这样的话要如何当老师呢？所以在那一年里，我只要有空就会用录音机录下自己的声音，然后反复调整。该如何调整呢？我提供一个独门绝招跟大家分享。我建议你先录下自己的声音，然后在晚上即将上床睡觉之前播放，如果你发现自己的声音具有催眠效果，可以帮助你入眠，那就是该调整的时候了！当时我做这个测试时，发现我的声音的确具有催眠自己的功效。如果不改善的话，那么听我讲课的学生岂不是每个都呼呼大睡、打鼾声不绝于耳吗？所以我用录音机自我调整了好几个月，才彻底改善了我的'催眠音调'。"

2. 找到属于自己的音质，能够给对方一个舒适的感受

要知道，人的语音、语调以及声调变化占说话可信度的84%。这样一来，你就要找到属于自己的特殊音质。专家建议日常生活中可以这样练习：准备说话前先喝一口水，做一下深呼吸，然后放松、微笑。让发音吐字像一串串明珠从口中流出。这一点可概括为：气息下沉，喉部放松；不僵不挤，声音贯通；字音轻弹，如珠如流；气随情动，声随情走。

3. 避免不良说话习惯

有些人有不良的说话习惯，自己很难发觉，对方又碍于情面不愿意提出来，长此以往，很容易引起大家的反感。不良的说话习惯包括说话时喜欢捏着嗓子、故意拉长声音说话等。有这些习惯的人一定要注意改正。

不要忘了倾听

夸夸其谈的人也许很满意自己的口才,但他们往往忽视了对更为重要的技能的关注,那就是倾听。

大多数年轻人都以为话说得越多,在社交圈里便越受欢迎,其实不然。不在意别人感受的情况下乱说一通,往往会引起他人的反感。

一位外交官的太太曾细述她丈夫初入外交界,带她去应酬时所遇到的尴尬情况。她说:"我是个从小地方来的人,而满屋子都是口才奇佳、去过世界各地的人。我拼命找话题,不想只听别人说话。"

一天黄昏,她终于忍不住向一位不大讲话但深受欢迎的资深外交家吐露了自己的困扰。外交家告诉她:"每个人说话都要有人听。相信我,善于聆听的人在宴会中同样受欢迎,而且难能可贵,就好像撒哈拉沙漠中的甘泉一样。"

这就是倾听的重要性。

倾听是一门艺术,我们不仅要听到对方说的话,还要能听出对方的心声。

某个学生在学校里不慎将左脚摔成了骨折。心急的家长气冲冲地找到学校说要找校长算账，被保安挡在门外。双方的情绪都很激动，甚至开始推搡起来。这时校长来了，他没有急着为自己辩解，只是大声喊着："尊敬的家长，您的情绪我可以理解，但是我希望我们能做一次坦诚的交流。我说的时候，希望您认真听，您说的时候，我一定不打断，这样对解决这件事情会有很大的帮助。"于是，双方都安静下来认真听取对方的发言。在这一说一听中，家长了解了校长工作的难处，校长也知道了家长的爱子心切。最后大家在相互谅解的前提下心平气和地解决了这件事。

不可否认，在聊天的时候，谁都想聊自己感兴趣的事物，所以懂得相互倾听就变得格外重要。

正如每把锁都会有相应的钥匙，每个人都有其独特之处，先要把握好重点再把握好角度，才能沟通得轻松、顺畅。

第十一章
别让好心成了"驴肝肺"

直言不讳也有不好使的时候

很多时候，有些人哪怕知道自己做错了事情，也会为了所谓的面子而拒不承认。倘若有人逼着他认错，他还可能会给予异常激烈的反击。

有一位刚从某名牌大学毕业的年轻律师，刚进入律师所，接的第一个案子就是为其中一方做辩护的大案子。在进行辩论时，最高法院的法官刚刚开口说了一句："据我国有关法律规定，海事法的追诉期限为六年，因此根据……"法官还没有说完话，那位年轻律师就直接打断了他，因为他熟知各种法律条文。他知道法官说错了，便率直地说："不，法官大人，您搞错了，海事法根本就没有追诉期限。"

法庭内顿时一片静寂，法官没想到中途会冒出这样的声音。他知道自己犯了一个常识性的错误，感觉自己简直无地自容，脸色变得铁青，愣在那里足足有五秒钟没有说话。原以为会获得众人赞赏的年轻律师，不但没有得到赞赏，反而在众人的目光下感到非常不自在。

而从那之后，那位法官一看到年轻律师，就觉得很尴尬，总是摆出一副冷漠而严肃的表情。"为什么他对别人都是和蔼可亲的，对我却异常冷漠呢？"年轻律师的脑海里不断萦绕着这一问题，却从没有从自己的身上找原因。

那么，年轻律师犯错了吗？实际上并没有。可是，他错就错在不该轻易打断那位法官的话，甚至当着众人的面落下那位法官的颜面。

因此，在指出别人的错误时，一定要注意方式，要尽量采用委婉的方式提出来，不要让其太难堪，那样才不会"祸从口出"。

在人际交往中，直言不讳地直接指出别人的错误，很多人是接受不了这种"好心"的。应该采取一些温和委婉的方式，巧妙地暗示出对方错在哪儿了。这样可以为对方挽回面子，缓和紧张难堪的气氛，使事情能顺利进行。要达到这样的目的，就应该学会使用下列技巧。

1. 为对方找一个善意的行为动机

假装对对方的尴尬行为不理解，有意为对方寻找一个善意的行为动机，也就是说，给对方找个台阶。

2. 顺势而为

根据当时的发展态势，巧妙地化解对方的尴尬，转消极变积极。

3. 将尴尬的事情严肃化

有意对对方的尴尬之举赋予严肃的态度，用以消除对方的紧张心理。

有些话得绕个弯

某天晚上，当时担任总统职务的林肯在忙完一天的工作后回到家中。他本来想好好地休息一下，然而一阵刺耳的电话铃声响了起来。原来是有位国家税务方面的高官刚刚去世，有人垂涎这个位置已久，便打电话来询问林肯他能否取代这位高官。林肯回答说："你去问问殡仪馆的相关人员吧，要是他们不反对，我自然没有意见。"

惯于钻营的人总是见缝插针，总是以自己的私利为主，抓住一切机会推销自己。面对这样的人，你需要的就是让他更清楚地认识自己，知道自己几斤几两，不然对方膨胀的自大心理就可能会伤到你。

在这种不合时宜的时候给总统打电话推荐自己的人，其能力和修养可想而知。要是林肯就他的能力方面去否定他，可能会浪费掉不少的口舌，而这也是没有必要的。所以林肯很聪明地曲解了他的话，把他口中的替代理解为简单的个体替换，丝毫不提及职位的事，让那个人所有自荐的话都说不出来，林肯也省去了许多不必要的麻烦。

这类人和那些恶意攻击你的人不同，他们并没有恶意，只是一心要为自己争取更多的利益。所以你在应付他们的时候不必唇枪舌剑，也不要给自己造成不必要的麻烦，让自己的话像会拐弯的子弹一样，绕过他们膨胀的自信，击中他们的弱点，使他们清醒便可以了。

迈克在酒店退房的时候，发现老板多收了他200元，便拿着单子不解地跑去询问。

老板说道："你住了10天，这200元是水果的费用。"

迈克纳闷地问道："可是我一个水果都没有吃啊。"

老板接着说："这可不能怪我啊，每天我们的服务员都把水果放到你房间，是你自己不吃的。"

听后，迈克灵机一动，他从容不迫地从账单中拿走300元。

老板紧张地问道："先生，你这是干什么啊？"

迈克回答道："因为你吻了我的妻子啊，每天30元，10天不正好是300元嘛。"

"你怎么血口喷人呢，我可从来没吻过你妻子啊！"老板叫嚷道。

"可是她天天都住在你的酒店啊，你不吻是你的事。"

这里的老板只是出于奸商的本性，唯利是图。一些人只是为了自己的小利益，并不针对任何人。在与他们打交道的时候，你要做的就是维护好自己的利益。在这个例子里，迈克就很好地维护了自己的利益，没有让自己造成经济损失。

在工作中，我们也常常会遇到这样的人。尤其是在你做了老板后，可能会遇到员工提出这样那样的要求。碍于面子你不好拒绝，或是不忍心太直白地表露自己的态度，这个时候你便可以试试用一下这种会拐弯的子弹，以使自己摆脱种种让人难堪的要求。

三思而后"说"

名医扁鹊有一次去见蔡桓公。他在旁边立了一会儿对桓公说:"你有病了,现在病还在皮肤里,若不赶快医治,病情将会加重!"桓公听了笑着说:"我没有病。"待扁鹊走了以后,桓公对人说:"这些医生就喜欢医治没有病的人来炫耀自己的本领。"

十天以后,扁鹊又去见桓公。说他的病已经发展到肌肉里,如果不治,还会加重。桓公不理睬他,扁鹊走了以后,桓公很不高兴。

再过了十天,扁鹊又去见桓公。说他的病已经转到肠胃里去了,再不从速医治,就会更加严重了。桓公仍旧不理睬他。

又过了十天,扁鹊去见桓公时,对他观望了一下,转身就走。桓公觉得很奇怪,于是派人去问扁鹊。

扁鹊对派来的人说:"病在皮肤里、肌肉里、肠胃里,不论针灸或是服药,都还可以医治。病若是到了骨髓里,那还有什么办法呢?现在桓公的病已经深入骨髓,我也无法医治他了。"

五天后，桓公浑身疼痛，赶忙派人去请扁鹊。扁鹊却早早就逃到了秦国，桓公不久就不治身亡。

这就是历史上有名的"讳疾忌医"的典故。千百年来，学习这个故事的人们都会对蔡桓公的行为感到可笑。但是在服务业如此发达的今天，我们以另一种眼光去重新审视这个故事时，也许会有不同发现。

扁鹊在发现蔡桓公的病情后，直言不讳地告诉了他。其实每个人都很害怕自己的身体出现问题，加上蔡桓公当时身体的确没有异样的感觉，你叫一个身体没有任何异样的人去相信自己得了大病是很困难的。所以要是扁鹊能转变一下说话的方式，让蔡桓公接受自己的建议，在早期就接受他的治疗，也许结果就会大不一样了。蔡桓公不会身亡，扁鹊也不用逃到秦国。所以在这个故事里我们不仅看到了蔡桓公的讳疾忌医，也认识到了扁鹊直言不讳的害处。

在很多人的意识里，直言不讳是一个好习惯，直言不讳的人给人坦率、耿直的印象。这种处世方式与圆滑相对，是人们更能接受的处世原则。但是某些情形下的直言不讳会给你带来害处，让你无法达到最终目的。

如你在指责对方的时候，能多找找自己的原因，看看是不是自己说的话没有吸引力，或者过于啰唆，没有做到简明扼要、引人入胜，抑或是没有重点，让对方根本不知道你要表达什么。在进行这些思考之后，再去处理问题，定会事半功倍。

你可以调侃自己说："我这个人最大的不足就是说话没有吸引力，不能吸引别人的注意力，你们也是这样认为的吧？"这样一句看似自我检讨的话，不仅可以让在座的人认真听你讲话，还能让别人知道你是一个和善并善于寻找自己原因的人。

别让不会说话坏了事

古罗马有位声名显赫的英雄,他以"战神科利奥兰纳斯"而闻名于世。在很多次大战中,他立下了汗马功劳,在人民中有着极好的口碑。

后来,科利奥兰纳斯厌倦了战场的杀戮,他打算竞选最高执政官来扩大自己的名望。

按照程序,竞选这个职位的人必须进行两次演讲。初次演讲时,面对广大的人民,科利奥兰纳斯表现得十分出色。在演讲之初,他向人们展示了自己在几年征战中留下的伤疤,以示自己的爱国之心。在场的所有人都被他打动了,几乎每个人都决定投他一票。

科利奥兰纳斯也很满意自己的表现,甚至开始骄傲起来,他认为自己当选已是定局。

遵循程序要求,在投票的前两天,他还要做一次演讲,这次的演讲对象换成了地方显贵。

科利奥兰纳斯一改之前的亲民形象,在元老和贵族面前,他傲慢自大地宣称自己一定会当选，还许诺在自己当选后会维护贵族们的利益。他不仅恶言诋毁对手，还说了一些阿谀奉承的话来讨好贵族。

科利奥兰纳斯没想到他竞争对手的朋友也在场，还把他的话传了出去。全城的人听说后都十分气愤，于是纷纷把选票投给了另外几位候选人。科利奥兰纳斯最终落选了。

落选之后，科利奥兰纳斯只能重回战场。他强忍着心中的怒火，发誓要让那些不选他的人尝尝苦头。

一次战争过后，部队缴获的物资运抵城里，元老们召开会议讨论是否把物资发放给城中的平民。科利奥兰纳斯觉得自己的机会来了，他不仅极力反对把物资发给群众，还攻击当下的政治制度，并请求取消农民代表，只让贵族说了算。他要彻底剥夺农民的权利。

科利奥兰纳斯的最新言论令民众愤怒不已，他们认为自己的尊严受到了践踏。于是人们成群结队地赶到元老院前，要求科利奥兰纳斯出来向他们道歉。这一要求被科利奥兰纳斯傲慢地拒绝了。

人们忍无可忍，在城中发动了大规模的游行示威。元老院迫于压力，终于赞成发放物资。但是人们对科利奥兰纳斯的言行依旧十分愤怒，声称只有他出来道歉后，才会允许他重返战场。

于是，科利奥兰纳斯来到民众面前致歉。一开始他的发言还算缓和，然而没持续多久，他心中的怒火就爆发了出来，他甚至出言攻击民众。随着发言的进行，民众越发愤怒，他们先是大声抗议，然后引发肢体冲突，最终迫使科利奥兰纳斯不能继续发言。

许多人都请求元老院判科利奥兰纳斯死刑，让治安长官立即拘捕他，把他送到山顶丢掷下去。

后来在贵族和长老们的调解下,他被处以终生放逐边境、永远不能回城的刑罚。人们得知这一消息后,纷纷走上街头欢呼庆祝。

在这里,科利奥兰纳斯就是说话不经任何考虑的典型。他没有分清自己面对的对象和场合,说了一些不合时宜的话,不但将自己的大好前途断送,还使自己陷入困境。在还有机会改过的时候,他却一错再错,直到困境变绝境,最终让自己陷入万劫不复之地。

所以对于我们来讲,说话之前一定要要好好考虑一下,切忌张口就来,正所谓"话不在多,有理则行"。

父母与孩子之间的沟通怎样才有效

两代人之间或多或少总会存在"代沟"的现象。对于晚辈来讲，要说服思想相对保守的长辈，并非一件容易的事情。但是，如果晚辈能够晓之以理，动之以情，用发自内心深处的话来打动长辈的心，双方还是可以达成共识的。

伽利略年轻时就立下雄心壮志，要在科学研究方面有所成就，因此他希望得到父亲的支持和帮助。但是他的父亲却希望伽利略能成为一名出色的商人。二人之间的分歧和矛盾就此产生。伽利略并不想屈从于父亲的意志，他想用真诚去打动父亲的心。

一天，他对父亲说："父亲，我想问您一件事，是什么促成了您同母亲的婚事？"

"我爱上她了。"

伽利略又问："那您有没有娶过别的女人？"

"没有，孩子。家里的人要我娶一位富有的女士，可我只钟情你的母亲。"

伽利略说:"您说得一点儿也没错,您不曾娶过别的女人,因为您爱的是她。您知道,我现在也面临着同样的处境。除了科学以外,我不可能选择别的职业,因为我喜爱的只有科学。别的对我而言毫无用途也毫无吸引力!难道要我去追求财富、追求荣誉?科学是我唯一的需要,我对它的爱有如对一位美貌女子的倾慕。"

父亲说:"像倾慕女子那样?你怎么会这样说呢?"

伽利略说:"一点儿也没错,亲爱的父亲,我已经18岁了。别的学生,哪怕是最穷的学生,都已经开始考虑自己的婚事了,可是我从没想过那方面的事。我不曾与人相爱,我想今后也不会。别的人都想寻求一位标致的姑娘作为终身伴侣,而我只愿与科学为伴。"

父亲似乎有所感,但始终没有说话,依旧仔细地听着。

伽利略继续说:"亲爱的父亲,您有才干,但没有力量,而我却兼而有之。为什么您不能帮助我实现自己的愿望呢?我一定会成为一位杰出的学者,获得教授身份。我能够以此为生,而且比别人生活得更好。"

说到这儿,父亲为难地说:"可我没有钱供你上学。"

"父亲,您听我说,很多穷学生都可以领取奖学金,这钱是公爵宫廷给的。我为什么不能去领一份奖学金呢?您在佛罗伦萨有那么多朋友,并且您和他们的交情都不错,他们一定会尽力帮助您的。他们只需去问一问公爵的老师奥斯蒂罗·利希就行了,他了解我,知道我的能力……"

父亲被说动了:"嘿,你说得有理,这是个好主意。"

伽利略抓住父亲的手,激动地说:"我求求您,父亲,求您想个法子,尽力而为。我向您表示感激之情的唯一方式，就是……就是保证成为一位伟大的科学家。"

伽利略说服了父亲，最终，他实现了自己的理想，成了一位伟大的科学家。

现在，越来越多的父母感到很难跟十几岁的孩子沟通。专家们提出了如下建议，可以帮助父母解除与子女之间的隔阂。

1. 密切亲子关系

要做到良好的沟通，就必须密切亲子关系。下面的"亲子关系新处方"值得父母们借鉴。

多从孩子的角度考虑问题，尽可能地让孩子明白父母始终是关心和接纳他们的。

除了学习成绩外，每个孩子还可以在许多方面发挥潜能，拓宽发展的领域。

一个问题有多种解决方案，因此，不要因执拗于一种答案而与孩子发生冲突。

父母要不断地提高自己的情商、智商，自我开发各种潜能，放下面子，去倾听各方面的教育经验。

多采用游戏、音乐、活动的方式培养亲子关系。

此外，要密切亲子关系，就要对子女充满信任。为此，父母要培养孩子的自信心，正确对待孩子的缺点，帮助孩子改正错误。多为孩子提供施展才能的机会，切忌伤害孩子的自尊心、自信心。

2. 营造聆听气氛

父母要设法让孩子觉得以某种方式处理某些事是很自然的，其诀窍就是让家里时时刻刻都有一种"聆听的气氛"。这样，孩子一旦遇上重要事情，就会来找父母商谈。要达到这个目的，其中一个好方法就是经常抽空陪伴孩子。如利用晚餐以后的时间，和孩子说说话，让孩子觉得自己受到了重视。

巴西"怪脚"加林查是足球史上享有盛誉的天才，在很小的时候就显示出了在足球上的天赋，并且取得了不俗的成绩。

有一次，小加林查参加了一场激烈的足球比赛。赛后，伙伴们都精疲力竭，有几位小球员点上了香烟，说是能解除疲劳。小加林查见状，也要了一支。他得意地抽着烟，看着淡淡的烟雾从嘴里喷出来，觉得很是惬意。这一幕正好被前来看望他的父亲撞见。

晚上，加林查的父亲坐在椅子上问他："你今天抽烟了？"

"抽了。"加林查红着脸，低下了头，准备接受父亲的训斥。但是，父亲并没有这样做，他从椅子上站起来，在屋子里来回地走了好久才开口说话："孩子，你踢球有几分天赋，如果你勤学苦练，将来或许会有所成就。但是，你应该明白足球运动的前提是必须拥有良好的身体素质。可是，今天你抽烟了。也许你会说，我这是第一次，我只抽了一支，以后不会再抽。但你应该明白，有了第一次便会有第二次、第三次……每次你都会想：仅仅一支，不会有什么的。但天长日久，你就会上瘾，你的身体就会渐渐不如从前，而你最喜欢的足球就会因此离你远去。"

父亲顿了顿，接着说："作为父亲，我有责任教育你向好的方向努力，也有责任制止你的不良行为。但是，是向好的方向发展，还是向坏的方向滑去，主要取决于你自己。"

说到这里，父亲问加林查："你是愿意在烟雾中损坏身体，还是愿意做个有出息的足球运动员呢？你已经懂事了，自己做出选择吧！"

说着，父亲从口袋里掏出一沓钞票，递给加林查，并说道："如果你不愿做个有出息的运动员，执意要抽烟的话，这些钱就作为你抽烟的费用吧。"说完，父亲走了出去。

小加林查望着父亲远去的背影，仔细回味着父亲那深沉而又恳切的话语，不由得掩面而泣。过了一会儿，他止住了哭泣，拿起钞票，来到父亲的面前："爸爸，我再也不抽烟了，我一定要做个有出息的运动员！"

从此，加林查训练得更加刻苦，在20世纪70年代的球坛上成了一代风云人物，为巴西足球帝国的建立做出了卓越的贡献。

3. 学习平行交谈

父母用"平行交谈"的方式跟青春期的子女谈话，往往能引起热烈回应。"平行交谈"是美国《用心去教养子女》一书的作者罗恩·塔菲尔提出的，其意思是父母与子女一面交谈一面做些普通活动，但是重点要放在活动上，而不是谈话的内容，双方也不必互相看着对方。这种非面对面的谈话方式会让父母和孩子都感到轻松自在。

父母与孩子的谈话内容，最好是一些关于如何求知、做事、共处、做人等方面的内容。在交谈中，还要注意从事情到关系、从事情到感情、从一般到特殊等原则，从而使孩子与父母的关系更为亲密融洽。

4. 只做孩子的顾问

父母提出的意见,即使是好意见,大部分青少年也不喜欢听。因此,父母应当做孩子的顾问、盟友,而不要做经理人。顾问只会细心聆听,协助抉择,而不会插手干预。心理学家伊丽莎白·艾利斯说:"父母应该协助子女仔细检讨整个事件。青少年往往能自行想到令人拍案叫绝的解决方法。"

5. 让孩子有自己的空间

青少年需要感到自己的生活并非完全受父母控制,所以,父母要让孩子有自己的空间。因此,父母千万不可擅入孩子的房间。《跟孩子说话的技巧》一书的作者艾德莉·费巴说:"很多父母不明白的是,尽管孩子想避开父母,却不希望父母也那样待他们。"所以,父母要尽量给孩子空间,但不要凡事都避开他们。

6. 把说的话写下

有些专家建议,父母把不想直接向子女说出的或不中听的话写下来要比说出来更有效果。有个家庭关系顾问说:"一般人都认为白纸黑字更加可信,而且可以一看再看。"把话写下来,话的分量也会增加。

7. 不要无所不问

父母提问过多,很难使孩子讲心里话。麦可·列拉说:"青少年通常不会把太多关于自己的事告诉父母,如果你的孩子也是这样,你应该把孩子告诉你的任何事情都视为礼物,加以珍视。"

家长在与孩子沟通时,必须要坦率,遇事要不断与其协商,而且还要不时重新界定与孩子间的关系。父母若能做好上述各点,就能做到与孩子良好顺畅地沟通。

父母与孩子的关系虽然亲密,但对孩子说话也不能太过随便。父母是孩子的第一任老师,父母的言行无时无刻不在潜移默化地影响着孩子。因此,父母在与孩子交谈时应特别注意自己的措辞与方式。

不仅如此,父母对孩子说话时也要有所忌讳,概括起来,主要有以下几点。

1. 忌说损伤话

有些性格急躁的父母,恨铁不成钢,动不动就对孩子冷嘲热讽,说出一些贬低孩子的话语。如"你这个笨蛋""一点出息也没有""活着干什么,还不如死了""你怎么不像你姐姐?她门门功课都拿满分!"等。这样的话语,无疑会把孩子的自尊心伤害殆尽。

许多家长没有意识到自己给孩子造成了不良的影响,让孩子一直有不安的情绪。孩子们在听到此类言语时,反应往往是:第一,觉得遭到了贬低,认为自己一无是处甚至没有希望;第二,远离人见人爱的哥哥或姐姐;第三,为没人喜欢自己而愤愤不平。长此以往,会给孩子的心理造成极大的负担,甚至会导致孩子做出一些极端的事。

更为恰当的表达应该是:"我知道你担心自己的成绩不如姐姐好。但我要你记住,你俩各有所长,各有惹人疼爱的优点。"

2. 忌说命令话

有些父母在孩子面前要威风,不让孩子有主见。有的家长一味限制孩子,什么也不准,一张口就是下禁令。例如:"放学后不许与同学玩,不许到同学家里去,不许把同学带到家里来。""你每天除了学习,别的什么也不许干"。如果孩子长期生活在命令中,慢慢地就会变得迟钝,继而失去创造力。

3. 忌说气话

如今仍有相当多的父母用打骂的手段来管教孩子。打骂孩子的时候,气愤至极的父母还经常说类似"打死你"这样的气话,殊不知,这样做除了会降低父母的威信,不会有任何实际的效果。因为当父母说这句话时,表明他们再也拿不出什么好办法了。

有时孩子的一些行为确实会令家长怒不可遏,从而产生非惩罚他们不可的念头。但如果家长真的付诸行动,往往会造成更坏的结果。此时,家长们不妨先冷静下来,有理有据地进行劝导,让孩子从心里认同你的说法,从而不再犯相同的错误。

4. 忌说侮辱话

有些父母不了解孩子的心理,当发现孩子有什么"不端"行为或者思想时,就认为孩子是大逆不道,还没等弄清情况,仅凭主观臆断,就责骂孩子,甚至说出一些不堪入耳的话。要知道,这会严重伤害孩子幼小的心灵,甚至造成难以磨灭的阴影。因为孩子看待世界的角度和处世方式与成人有异，所以父母在与孩子交谈时，千万要先弄清原委，不要说侮辱孩子的话。

5. 忌说埋怨话

孩子犯错误之后，会感到很无助。"我怎么会这样？我真傻。"他会后悔当初没听从父母的话。所以当孩子犯了错误以后，父母千万不能说："我早就跟你说过会这样。"因为一旦说出这种话，孩子的无助就会变成自卫。无论是出于反抗父母轻蔑的语气，还是出于摆脱自视蠢笨的自卑，他们都会开始辩解。最终，他们要么在绝望中屈服，要么在愤怒中反叛。很明显，无论是哪一种都不利于孩子成长。

较好的表达方法应该是这样对孩子说："你试过自己的方法了，可没成功，对吗？真为你难过。但我也是这么过来的，所以你不要否认自己，只要积极改正错误，努力弥补过错，保证下次不会再犯，你就是好孩子。"

6. 忌说欺骗话

有些言行不一的父母，言不行，行不果。久而久之，孩子就再也不相信父母了。所以父母千万不能为了应付孩子一时的任性而轻易许下诺言，如"听妈妈话，明天给你做好吃的、买漂亮衣服""好好念书，考出好成绩就给你零花钱"。这些话不落实，比不说的后果还坏。所以，在做出承诺之前，一定要谨慎，确定自己能做到之后，再向孩子许诺。

7. 忌说溺爱话

现在独生子女越来越多，父母溺爱子女的现象也越来越严重。就算遇到孩子任性，要一些不切实际的东西，多数家长也会说"好，这就给你买"。甚至，有时候没有达到孩子的要求，遭到孩子的谩骂，家长也会一笑了之。要知道，这些话语和行为很容易让孩子养成各种各样的坏毛病。所以，家长应从少说溺爱孩子的话开始，学会用得体的语言教育孩子。

第十二章
一句话打开局面

多说"我们"少说"我"

多说"我们",可以缩短你和别人之间的心理距离,能促进彼此之间的感情交流。

一次酒会上,有位事业有成的先生演讲了3分钟,有人统计了一下,在这3分钟内,这位先生总共说了36个"我"。听起来,他的话语中除了"我",就是"我的",就像"我的花园""我的公司"等。一位与他相熟的朋友,走到他的面前,对他说:"朋友,我觉得你可能会失去所有的员工。"

他怔住了,纳闷地问:"我的员工都在公司好好待着呢,我没有失去他们呀!"

朋友说:"难道员工和你的公司没有关系吗?"

这位先生听到这句话后直接怔住了。

我们经常看到记者这样采访:"请问我们这项工作……"或者"请问我们厂……"演讲者多使用"我们是否应该这样"或"让我们……"

这种表达方式。事实上，这样说话往往能让对方觉得和你的距离接近。因为"我们"这个词，也就是要表现"你也参与其中"的意思，所以听起来和缓亲切。

人的心理是非常微妙的，同样是和人交谈，但有的人的说话方式会令他人反感，有的人的说话方式却会令他人感到愉悦。例如，演讲时说"你们必须深入认识这个问题"，便将听众和演讲者的距离拉远了，使得听众没办法与演讲者产生共鸣。假如改为"我们最好再做更进一步的讨论"，就会大大缩短与听众之间的距离，使气氛活跃起来，产生共鸣。因此，会说话的人在语言交流中，总会尽量避开"我"字，而用"我们"开头。以下几点建议可供参考。

1. 尽量用"我们"代替"我"

大多数情况下，最好用"我们"一词代替"我"。如："我建议，今天下午……"可以改作："今天下午，我们……好吗？"

2. 必须用"我"字时，以平缓的语调讲

必须用到"我"时，要注意语调平缓，不可读成重音，不可拉长语调；同时，目光要平和，表情不可浮夸，神态不可得意。将重心放在要说的事情上面，不突出自我，以免让对方感觉你高傲或者有吹捧自己的嫌疑。

与人交往中，过多地说"我"或者强调自我的人，给人一种标榜自我、骄傲自大的印象，容易引起对方的反感，很难获得别人的认可。

这样安慰别人很有效

人生不如意的事情总是很多，有人失业，有人失恋，有人离婚，有人生病，还有人遭遇意外。如果是我们身边的亲友遭遇了这些不幸，我们一定要及时给予他们安慰和帮助。在安慰他人的时候，要注意方式方法，要用恰到好处的语言和适宜的方法让遭遇不幸的人体会到我们的关心，千万不要因为安慰的方式不得体而让他人觉得我们是在幸灾乐祸。

有一次，郭德纲携德云社众人在北京展览馆剧场表演，用话剧和相声混搭的方式，为观众演绎从清朝到民国再到中华人民共和国成立后的各种风格的相声。可能有些观众还不习惯这种创新，演出中途频频有观众大喊"下去！要听相声！"等过激的语言。这让正在表演的于谦感到既尴尬又难过，郭德纲为了安慰他就出来解围："我知道只是少数人在起哄，大部分都喜欢听相声，接下来你们想听谁的，我就让谁说。你们都别走啊！"

郭德纲还安慰观众道："花了钱了，一定要让大家满意。今晚，我不走，你们也别走。"不仅如此，还语重心长地说道："人心都是肉长的，为了这场演出，于谦好几宿没睡，就是想让大家知道相声的发展历史。"

在解释的过程中，郭德纲是"软硬兼施"。在晓之以理、动之以情后，也有严厉的"批评"："五分钟就这么难等吗？三五个人不爱看，挑唆大伙闹，你能站出来吗？再这么闹你就给我出去！"这番严厉的话并没有惹恼观众，反而让全场变得秩序井然，观众也乐呵呵地继续欣赏接下来的相声演出了。

安慰别人的技巧就在于让对方发泄出来。你可以作为一个倾听者，等他说完了，问问他："你需要我怎么做？"或者是"我该怎么帮你？"这类话最有安慰效果了。在倾听的同时，还可以顺应着他的感受来回答，表达自己对他的关心，并鼓励他说下去。这种时候，不要急着指导他该怎么做，指手画脚地出主意并不是随时随地都适用。正确的做法是，你要等他倾诉完之后询问时，再给出合理的建议。

不要抬杠

日常生活中，总是会有人为了一些事儿计较，一言不合就抬杠。对于某个观点坚持己见，你一言我一语，开始无休止的抬杠，进而矛盾开始升级，愈演愈烈。

小兰和小倩在婚纱店帮即将结婚的好朋友挑婚纱。两人各自选了一件自己认为适合新娘的婚纱。

小兰说："我觉得这件白色婚纱简单又大方，最适合你！"

小倩却说："什么呀，这件黄色的婚纱才与众不同，你这是什么品位啊。"

小兰反驳道："我的品位低？挑婚纱要挑适合的，光裙子本身好看有什么用，你才是什么都不懂呢！"

小倩顿时气不打一处来，想想自己可是学服装设计的，怎么能忍受一个不知道啥是设计的人说自己品位不如她呢……

她们开始争论品位高低，你一言我一语地开始抬杠，在一旁的新娘十分尴尬。

新娘本来欢欢喜喜地请两位好朋友帮自己挑婚纱，谁承想这两姑娘爱抬杠，当场吵得面红耳赤，让新娘不知如何收场。

日常生活中这样的例子不少见。遇事爱抬杠，不仅会给自己带来不愉快，还会给他人带来伤害，实在不值得。

抬杠，其实就是想在气势上战胜对方。想赢，说得就多，说得多就避免不了要吵架。奉劝各位不要意气用事和对方抬杠，这有碍沟通的继续。

哈里是个受教育不多的年轻人，他有个讨人厌的毛病就是爱抬杠。他去推销卡车，但是总不成功，于是向经理求助。经理听了哈里自己的叙述，发现他老爱跟顾客争辩。如果顾客挑剔他的车子，他总是面红耳赤地反驳。最后他确实取得了争辩的胜利，但是没有留住顾客。经理对哈里说："你的第一个难题不在于怎么说话，而是要克制自己，避免和顾客争执、发生口角。"

后来哈里成了他们公司有名的推销员。他成功的秘诀是什么呢？这是他的推销策略："如果我给顾客推销我的车子，而对方说：'什么？你这个牌子的车我不喜欢，白送给我我也不要，我要的是其他牌子的车。'我会说：'老兄，有些牌子的车确实不错，买他们的车确实也没啥大问题，你可以试试。'这样对方反倒无话可说了，没有抬杠的余地。如果对方说什么牌子的车最好，我会夸赞他的眼光确实不错，他总不能在我同意他的意见后还继续反驳我吧。他不说话，我就开始介绍我的车子。

"回想以前，我如果听到拒绝的话，有人当面夸其他车子好，我早就气得要跟他理论，我会挑对方说的其他车子的毛病，他越说好，我就越挑它的毛病。我们争辩激烈，基本上就没什么时间推销我的车子了，车子就卖不出去。现在想想当年的自己，真觉得自己完全不会干推销。以往我把时间都花在了抬杠上，现在我闭口不说，从不抬杠，果然很有效。

"如果你老是抬杠、反驳别人，也许你会偶尔胜利，但那并不是真正的胜利，因为对方永远不会对你有好感，你也卖不出去车。"

绝大部分抬杠的结果都会使双方陷入无休止的争吵。若是一直抬杠，不管结果是赢了还是输了，你最终都是输了。因为对方因自尊心受到了伤害，会产生不快。这不但不能让他对你真正口服心服，还可能会打破目前和谐的气氛。

卡耐基是个非常优秀的飞行员，他在一个月内飞行半个世界的壮举震惊世界，并受到澳大利亚政府5000美元的嘉奖，英王也授予他爵位。可就在同时，他也得到了一个很大的教训。

那天晚上，卡耐基参加了为他庆祝的晚会。宴席中，坐在卡耐基旁边的一位先生讲了个幽默故事，引用了一句话，并且补充说，这句话出自《圣经》。

卡耐基一听就知道这位先生错了，立马纠正他。结果，那位先生生气地反问道："什么？出自莎士比亚？那绝对不可能，我很肯定那句话就是出自《圣经》！"

两人争执不休，决定问参加宴会的一位一直研究莎士比亚著作的学者法兰克，看究竟谁对谁错。卡耐基很得意，以为自己就要胜出了。可没想到，法兰克却对卡耐基说："你错了，这位先生是对的。这句话就是《圣经》里的句子。"

在宴会结束后，卡耐基迫不及待地问法兰克："伙计，为什么？你明明知道那句话出自莎士比亚。"

法兰克回答说："这句话出自《哈姆雷特》第五幕第二场。可是亲爱的朋友，你为什么一定要证明他错了？那样会使他喜欢你吗？他并没有问你任何意见呀，你为什么非要和他抬杠呢？这对你有什么好处？"

若是法兰克没有及时制止他，恐怕大吵一架是在所难免的。很多时候不吵架很容易，不抬杠、让别人先说，以此营造和谐的谈话氛围，这不是很好的方法吗？

少说"砸锅话"

聊天的时候经常会听见别人说:"谁谁谁老爱说'砸锅'的话,我可烦他了!"那么,何为"砸锅话"?为什么大家都不愿听到这样的话呢?

"砸锅"又称"砸饭碗",常常被人们比喻做事失败。那么"砸锅话"就是用来比喻那些导致事情失败的话语,跟"拆台话"是同一个意思。

一般"砸锅话"都是当事人由于说话方式的不恰当,或者不注意表达方式,而引起他人误解或者产生歧义,进而导致好事变坏事,或者好心办坏事的情况。

毛凯所在的公司是业内知名的广告公司。毛凯是一位资深的平面设计师。跟他一个组一起工作的还有大兵、小静和刚来的小伙子小林。

一次,一位客户想让毛凯把自己在别处设计的图片,按照现在的要求合成到一起。由于客户带来的原始图片没法编辑,跟他现在的要求尺寸又相差甚远,想要放在一起的话就需要重新设计,处理起来会非常麻烦,成本自然就高了。而在客户的话里话外,毛凯又听出客户并不想出设计费。

为了不直接得罪客户，权衡之下，毛凯就跟那个客户说："这样的图片我们这里没有分层的大图，做不了。"

本来客户已经打算听从毛凯的建议，采用另一种方法了，没想到坐在毛凯旁边的小林突然插了一句："凯哥，这样的图片咱们能做啊，上次我不还见你电脑里有这个？"

听了小林的话，那个客户就以为毛凯是故意找借口想恶意加价，气愤地摔门离开了，搞得毛凯非常难堪。

还有一次，有个客户想要做个二维码的标牌。给客户做二维码的话一般都是用300克的铜版纸，但是不巧那天做二维码的铜版纸没有了，客户又急着用。毛凯就想彩喷纸效果也是一样的，无非是稍微薄一点，就打算用彩喷纸代替铜版纸。

小林坐的位置离彩喷纸比较近，毛凯就让小林帮忙拿一下空白彩喷纸。小林一边把彩喷纸递给毛凯，一边说："彩喷纸打印二维码不薄吗？"搞得毛凯非常尴尬，好像他在以次充好一样。幸亏毛凯及时向客户解释，才避免误解。

因为小林经常无意间说一些"砸锅话"，令跟他合作的同事"下不来台"，大家都不愿意跟他搭伙工作，慢慢地，小林就成了孤家寡人。

其实，说"砸锅话"的人很多都是无意的，是由于自己说话方式不正确，或者是没有真正了解事情的真相，就着急说话。

像文中这个"多嘴"的小林，就属于无意的那种。这种人本身并无恶意，甚至可以说是"好心提醒"。但他却不知道，自己的"好心提醒"却让自己的同事陷入了两难的境地。

人们向来不喜欢"不请自来"的提醒，即使这种提醒是对的。因为每个人说话都有自己的立场跟观点，在你这里是对的，到了他那里就可能是错的。

所以，此类人需要做的第一件事就是先倾听、不说话或者少说话。不管是对上、对下，对内、对外，话要说对，得先懂得"听"。只有了解了事情的原委，才能真正理解说话者的意图。

任何与当时环境或特定说话者的意图不符的话，我们都称之为"砸锅话"。不管是真话、假话、玩笑话、空穴来风的还是有事实依据的话，都不能随便说。关键时刻千万别自作聪明，去做捅破最后那层窗户纸的人。

第十二章 一句话打开局面

让你的演讲吸引人

也许你是个害怕演讲的人。每次碰到上级或是老师叫你上台讲几句,你就会紧张得满脸通红,半天也憋不出一句话;或是你说了一大堆,听众却不明所以。没关系,下面就告诉你一些提升自己演讲魅力的技巧。

1. 幽默让共鸣更强烈

演讲者独自站在主席台上,下面的听众则像欣赏文艺作品般等着演讲者的演讲。演讲者和听众之间的距离不言而喻。想要消除这种距离,幽默是行之有效的方法。一个演讲者在自己的话语里加入一些幽默词句,会让听众在大笑中和自己靠得更近。

演讲中的幽默应该和主题相关。不要只是为了博取听众的笑声而加入不相干的笑话,这样很容易分散听众的注意力。如果能在不偏离主题的情况下加入有趣味的话题,就更容易吸引听众,这样你便掌握了主导听众注意力的主动权。

2. 用真诚打动听众

感人心者莫外乎情。唯有炽热的情感，才会使"快者掀髯，愤者扼腕，悲者掩泣，羡者色飞"。演讲中如若能用真诚打动听众，就能带给听众心灵的震撼。

一个演讲者如果讲话华而不实，只追求辞藻的华丽，那么开出的只能是无果之花。若缺乏真挚而热烈的情感，只是用"人工合成"的感情，虽然能欺骗听众的耳朵，却永远得不到听众的心。若要使人动心，必先使己动情。著名演讲家李燕杰说："在演讲和一切艺术活动中，唯真情，才能使人怒、使听众信服。"所以说，真诚是演讲动人的最好技巧。

一天，有一位在美国独立战争时阵亡士兵的遗孀——一位年迈的寡妇，蹒跚地走到林肯的律师事务所，泣诉政府某位行政官员在她领取400美元抚恤金时，竟苛索她200美元的手续费。林肯听后非常气愤，决定立刻对那位行政官员提起诉讼。

为了在法庭上取胜，在做准备时，林肯特别研读了华盛顿的传记和美国独立战争史。在开庭那天，他先追述了当初美国人民受到压迫，激起了爱国志士对民族解放的热情，最后群起为自由而战的历史。他描述了他们所经历的艰难困苦，包括如何克服天气严寒的困难，走过冰天雪地的荒芜地区。

接着他突然怒责那位行政官员，痛斥他竟敢剥削当年为国捐躯的一位士兵遗孀的半数抚恤金。他目光怒视着被告，情绪十分激动。

在诉讼辩论即将结束时，他大声疾呼："时代向前迈进，1776年的英雄已经死去，并被安顿在另一个世界。在座的证人、先生们，那位士兵已经安逝长眠。而现在他那年老、衰微、又跛又盲、贫困无依的遗孀却来到你我的面前，请求为她求取公平，请求同情的帮助与人道的保护，我们这些享受革命先烈争取到的自由的人难道不应该义无反顾地给予她足够的帮助吗！"

林肯的这番话，不仅感动了法官，陪审人员的眼中也含满了泪水，最终诉讼得到了压倒性胜利。

在演讲中，唯有真诚的情感，才能产生深刻的影响，才能唤起群众的共鸣，才有震撼人心的力量。美国有个小说家说得好："热情是每位艺术家的秘诀，而每位演讲家都应当是一位艺术家。"情不深，就很难得到别人发自内心的、完全的赞同。

演讲者在表达自己的真情实感时，必须要平等待人、虚怀若谷，说出的话语才能如滋润万物的甘露，一点一滴地流入听众的心田。而居高临下、盛气凌人，经常以教育者身份自居的人，不但无法与听众交心，更无法打动听众。

3. 用优雅端庄为演讲加分

一名演讲者，如果拥有良好的礼仪和风度，则更容易受到听众的欢迎。演讲若想吸引听众的注意，必须要搭配恰当而得体的礼仪，如此才能真正地打动听众，从而征服听众的心。

一个人的气质和风度不是天生的，而是在后天培养中获得的。所以要想让自己拥有独特的气质与迷人的风度，就要着意培养自己，这样才能不断提升自己的气质，让自己拥有君子的风度。

尼克松在其著作《领导者》一书中，有一段对 1954 年 6 月英国首相丘吉尔访美的描写："飞机舱门打开了，过了一会儿，丘吉尔独自出现在舷梯顶部，头上戴着一顶珍珠灰的汉堡帽……他的助手们在他身后手忙脚乱地搀扶他，准备走下舷梯。他迅速地向下面扫视了一眼。当他看到欢迎的人群和许多照相机镜头时，便立即拒绝了任何人的帮助。他挂着手杖，开始缓慢地走下舷梯，径直朝着照相机镜头和话筒走去，开始发表抵达演讲……演讲结束，人们报以热烈的掌声。他亮了亮他那表示胜利的 V 字形手势，然后大步走向那辆黑色林肯牌敞篷汽车……"

事后尼克松回忆道，他很惊奇这位不久前患了中风，且刚刚从横跨大西洋飞了一夜的飞机上下来的 79 岁的老人竟能如此注重礼仪与形象。

科学家的研究显示，人们接收的信息绝大多数都来自视觉形象。所以，演讲者的姿态和动作就代表了他的形象。它作为一种非语言的沟通方式，有着十分重大的意义。它能辅助有声语言更准确、更有效地表情达意，也能使听众形成一种动态的印象，从而引起更广泛更深刻的注意。这样一来，就能有效减少由于单调而带来的疲倦感。

演讲中若想保持优雅的礼仪，一般来说应该在以下几个方面多加注意：

从站立的姿势看，一般提倡丁字步：两腿略微分开，前后略有交叉，身体的重心放在一条腿上，另一条腿起平衡作用。这样不会显得呆板，既便于站稳，也便于移动。

手势的运用在演讲中也起着非常重要的作用，能达到语言实现不了的效果。而手势的运用是否恰当，将会直接影响到演讲的效果。手势在演讲中的运用有多种复杂的含义：手向上、向前、向内往往表达希望、成功、肯定等积极含义；手向下、向后、向外，往往表达批判、蔑视、否定等消极含义。所以，手势的运用一定要得体、有度。

令人眼花缭乱的手势只会显露出自己的慌乱，不会有其他任何好的作用和意义。不要以为把手呆板地贴在身体上是可笑的，世界上最可笑的是说话时无节制地挥动手臂。另外也有人认为，有说服力的手势是根据演讲中带有情感的声音而定的。如果演讲者一开始就频繁地运用手势，那么很快就会使人厌烦，手势反帮了倒忙。

此外还要注意的是，演讲者的服饰对演讲效果也有一定的影响。俗话说"人靠衣装马靠鞍"，演讲者的服饰，对树立演讲者的形象起着十分重要的作用。

服饰过于随便，不仅会破坏演讲者在听众心目中的形象，而且听众也会觉得你不礼貌，不尊重他们，演讲的效果自然不会好。

所以，演讲中拥有适当的举止和良好的礼仪，定能为你的演讲加分不少。

4. 妙用名言警句

名言和警句是对生活哲理的概括，一方面反映出人对生活的认知，另一方面也反映出人对生活的态度。一个没有生活体验的人是无法恰如其分地使用名言警句的。

一句触动心弦的话，可能会改变一个人一生的命运；一条恰到好处的名言警句，会为一场精彩的演讲锦上添花。

演讲是对一个人的口才全面而综合的考验，巧用名言警句能为演讲增辉添彩。

在演讲中引用名言是利用了人们崇拜名人的心理。而且，名言一般精粹洗练、寓意深刻，蕴含丰富的哲理，能起到画龙点睛的作用。陆机在《文赋》中说："立片言而居要，乃一篇之警策。"也就是说，在文章的关键处用一句或几句警句来点明题旨，是最容易打动人的。

但要注意的是，使用名言和警句应该从演讲中的人、物、事中自然而然地引出，要运用得当。不能只是为了讲出某句名言而讲名言，故意卖弄只会适得其反。

名言的运用，只有经过自己的思索并将其化为有血有肉的东西，才能显出勃勃生气，才可以给演讲增辉，如果引用得不贴切，就很容易给人留下哗众取宠的印象。

名言警句对于深化演讲主题有着重要的作用。在演讲中引用名言警句应该注意以下几个方面：

（1）要引用原文，不要以讹传讹；

（2）要全面领会原文，不要把意思搞错；

（3）要说明原文是谁说的，不要张冠李戴；

（4）少用"据权威人士说"；

（5）引用"受欢迎的"名人的话；

（6）引用当地名人的话。

同名言警句一样，寓言典故也具备言简意赅、内涵深刻的特征。在相同的境况下，运用寓言和典故也是很有说服力的。

古人就经常用寓言表述自己的观点。

梁惠王曾问孟子："我对治理国家可谓费尽心机，邻国没有一个君主像我这样对待百姓的，可为什么邻国的百姓不见少，我的百姓不见多呢？"

孟子说："大王喜爱战争，让我用战争做比喻吧。两军交战的时候，有两个士兵弃甲而逃，一个跑了五十步就停下来了，另一个跑了一百步才停下来，因为自己跑了五十步就笑话跑了一百步的人对不对呢？"

梁惠王说："不对，跑五十步也是逃跑啊！"

孟子说："大王如果懂得了这个道理，那就不要希望你的百姓增加了。"

孟子批评梁惠王的意思已经很明显了，他想说的就是：你梁惠王的"政绩"与别的君主没有什么大的差别，老百姓在哪里都是一样的。

英国有一位爵士，在某次晚宴上，发表了一篇轻松的演讲，他在结尾说道："你们回去之后，给我寄一张明信片。即使你们不寄的话，我也要给每一位寄一张，而且你们很容易猜到是我寄的，因为我在上面不贴邮票，我将在上面写着：

"'季节自来自去，万物按时凋零，唯有我对你们的仁爱，永远像鲜花般艳丽芬芳。'"

用一首诗来结束这篇轻松欢快的演讲，既增添了宴会的欢乐，也增进了宾主之间的友谊，真是别有一番情趣。但若一篇严肃的演讲结尾也引用这首诗，就会显得不伦不类。所以在演讲中，不管是引用名人名言，还是诗词佳句，一定要用得恰当。只要把握好这个度，你所引用的名言警句自然能为你的演讲锦上添花。

以巧妙的话语让目标更快实现

在我们仰望理想、目标时，总是想到要努力，踏踏实实地朝目标前进。一旦机会降临，便把握住机会实现自己的目标。但是你是否设想过用一种更巧妙的方法？这里的巧不是偷工减料，也不是投机取巧，而是适当的幽默和诙谐，这可以让你更快实现目标。

美国有位陆军上校，自幼就一直梦想能进西点军校深造，因为那里是将军的摇篮，有士兵梦寐以求的求学环境。套用拿破仑的一句话就是"不进西点军校的军人，不会是好军人"。

这位陆军上校高中毕业那年，正巧遇上全球爆发经济危机，而学校又刚好是免费入学，因此更多人想进校学习。但要挤进这所学校可不容易，非得有权威人士的推荐不可。

然而，这些条件他都不具备。

不过，为了圆自己的梦想，他亲自拜访了几位权威人士，并对他们说："假如您是一个从小就梦想进入西点军校的人，您会怎么做？"

第十二章
一句话打开局面

这句话相当具有说服力，让这些权威人士积极地向西点军校推荐他，他终于如愿以偿，并且成就了一番事业。

事实上，如果他直接对每个人说："请帮我写封推荐函。"那么也许他第一次找人帮忙时就会吃闭门羹。

切记，要说服他人，就要先找出对方关心或在意的事情，并且让对方和你产生共鸣，这是第一步。

然后再观察对方热心的程度，探知对方的想法，最后让他了解并支持你的行动，这是第二步。只要能完美走完这两步，一切问题都能迎刃而解。

人的大脑运作和处理语言的过程都有一定的惯性，利用这种惯性，在一系列只能用"是"来回答的问题中，隐藏一个你想要他回答的问题，这样就能得到你所要的回应。

某家单位有两位给领导开车的司机，由于单位要精减人员，所以必须裁掉其中一个，于是两人竞争上岗，开始向领导陈述自己需要这份工作的理由。第一个司机大概讲了十来分钟，说："我将来要是还能开车，一定把车收拾得非常干净利索，遵守交通规则，更会保证领导的安全，一定要做到省油……"而第二个司机只用了不到三分钟就结束了陈述。他说："我过去遵守了三条原则，现在我还在遵守这三条原则，如果今后用我，我还将继续遵守这三条原则。第一，听得，说不得；第二，吃得，喝不得；第三，开得，使不得。我过去这样做，现在这样做，今后还会这样做。"

在领导心目中，这个司机显然更适合这份工作。为什么呢？因为"听得,说不得"是指:领导坐在车上研究一些工作,往往都是保密的,司机只能听不能说,说了就是泄密。"吃得,喝不得"的意思是:司机要经常陪领导到这儿开会,到那儿参观,最后总得吃饭,但是千万不能喝酒,这就是保护领导的生命安全。而"开得,使不得"就是:就算领导有不用车的时候,司机也决不能为了一己之利私自开车,要做到公私分明。这样懂分寸的司机谁会不用?而将这种分寸表达出来,为自己赢得一份工作,这不就是会说话的效力吗?

人的一生都在不断说话与倾听,关键时刻需要你站出来讲几句的时候,一定不能"掉链子",否则,不仅会影响你的形象,而且有可能会断送你光明的前途。

第十三章
学会察言观色

说话一定要谨慎

"良言一句三冬暖,恶语伤人六月寒",话语好比一把双刃剑,既可能赢得人心,也可能伤害人心。把握好说话的分寸很重要,一旦分寸与尺度没有把握好,那不仅会让听我们说话的人觉得刺耳,也会让我们自身的形象一落千丈。

口才是一个人的第二面孔,是一个人成功、成才的关键。完全可以说,说话能力是一种本领,更是每一位现代人的无形资产之一。语言沟通是人际关系中不可或缺的一部分。口才是交际表达的核心,如何说话、说什么话,决定了你的交际效果。同样的意思,用不同的语言、不同的方式去表达,会取得不同的效果。

所以在社交场合,说话一定要谨慎,要根据不同的场合、情景说不同的话,不该说的话一定不能说。说话免不了会有失误的时候,不管是有心还是无意,造成的后果却是相似的,轻则贻笑大方,重则引起纠纷,甚至造成无法收拾的后果。

1. 别肆无忌惮地说出你自以为是的想法

生活中，我们接触的信息都是有限的，同时也喜欢根据有限的信息去判断并形成想法，在信息残缺不全时，就会形成偏见。

那么，怎样才能避免这些偏见，从而让自己表达的观点被人接受呢？我们看看那些领导人的表现就知道了。经验丰富的领导人，当别人进行讨论时，他们都是一言不发，等大家把想说的话都说完了，他才接着发表意见，一般都会语惊四座，让大家觉得自愧不如。其实，他们沉默时，并不是没有想法，只是隐忍不言，而当听完别人的讨论后，他就知晓了每个人的想法，也掌握了最全面的信息，从而做出最客观的判断和最理智的决策。这就是我们要借鉴的方法，即要充分掌握信息、充分把握事情的全局后再去发言，而不是抢着说那些自以为是的意见和想法。

2. 不可轻易泄露你心底的隐私和秘密

隐私和秘密，很容易暴露自己的意图和弱点。也许你会说，我只会对朋友说出隐私和秘密，其实这也是非常危险的。要知道，对方可能是你的朋友，但他朋友的朋友就很可能是你的对手了。

3. 不说那些不着边际的话

倘若只是为了说而说，把家长里短全部搬出来作为谈资，议论完了也不清楚自己究竟说了什么，这无疑是废话，浪费时间不说，还会让别人觉得你是个无聊的人，这种情况下，又何必要说？

俗语说："逢人只说三分话"，还有七分话要烂在自己肚子里，实在不必对他人和盘托出，要给自己留有余地。

出门观天色，进门看脸色

每个人都离不开交际，我们每天都需要跟各种各样的人相处。语言表达是交际中重要的构成部分，人是交际中最重要的对象，良好的交际关系需要优秀的交际对象，而要了解自己的交际对象，不一定要通过交流沟通，通过穿着、肢体动作等一样可以了解到一些个人信息。在未开口交谈前，要注意观察和倾听，了解更多有用的信息。

"出门观天色，进门看脸色"就是告诉我们要学会察言观色，这是为人处世不可忽视的一条原则。获知对方的情绪，就能与之和谐相处；知道如何与他人和谐相处，就能和对方心意相通；如果和对方心意相通，那么接下来谈论任何事件或话题，就很容易观点一致了。如果每个人都善于察言观色、懂得分寸，那么人际交往一定会更加和谐。

从一个人的面部表情，可以洞察对方的内心想法，这样可以把交际主动权牢牢地掌握在自己的手中。春秋时期的淳于髡便是个中高手之一。

梁惠王求贤若渴，广招天下名人贤士，有位宾客向梁惠王推荐了淳于髡。梁惠王听说淳于髡博学多才，就接连两次召见他，为了能与他倾心相谈，每次都将左右屏退。谁知淳于髡始终沉默不语，梁惠王觉得很难堪，便责问推荐人："你说淳于髡有管仲、晏婴的才能，哪里是这样？难道我在他眼里是一个不值得谈话的人吗？"

推荐人听了后也很纳闷，于是就去质问淳于髡，淳于髡回答说："的确是这样。其实我也非常想与梁惠王倾心交谈。但是第一次去的时候，梁惠王脸上有驱驰之色，我想他肯定是在想一些驱驰奔跑之类的事情，所以我就没说话。第二次去的时候，看到他脸上有享乐之色，所以我想他一定是在想声色一类的娱乐之事，所以我也没有作声。"

推荐人将淳于髡说的这些话转述给梁惠王听，梁惠王仔细回忆了一番后，发现事情果真像淳于髡所说的那样。因而，他对淳于髡的识人之能表示叹服。

从上面的故事能够看出，一个人的面部表情可以传达十分复杂且微妙的信息，能够让你洞悉对方心里的想法。我们能够通过对方的面部表情进而捕捉对方的心理活动。

假如一个人感到羞涩或激动的时候，他的脸庞上通常会出现红晕；而倘若生气、气愤或饱受惊吓而十分紧张，脸庞就会发青发白。一个人紧蹙眉头的时候，通常表示不同意或遇到烦恼、甚至是恼怒的事情；一个人的眉梢扬起的时候，通常表示对方遇到值得高兴的事情或者极度惊讶；倘若一个人抖动眉毛，一般表示欢迎或强调语气；如果一个人的眉毛先扬起，短暂停留后又耷拉下来，那么就表明惊讶或悲伤的情绪。

如果一个人抿着唇角，通常代表和谐宁静或自然端庄；倘若一个人的嘴巴半张,一般代表疑问、奇怪或者有些讶异的情感;如果一个人大张着嘴巴,一般表示惊骇;如果一个人的唇角扬起,通常表示喜悦、善意或有礼貌;如果一个人嘴角向下耷拉着,一般代表着悲伤、痛苦或无奈;如果一个人的嘴唇噘着,一般代表生气或不满;如果一个人的嘴巴绷得紧紧的,就代表着愤怒,下定决心或者对抗。

愉快的表情最常见的表现为:嘴角向后拉,面颊向上展,眉眼平舒,眼睛变小;不愉快时的表情表现为:嘴角下垂,面颊下拉,眉毛深锁,呈"倒八字"状。

在日常生活中,并非所有人都可以从一个人的面部表情猜到他人的内心在想些什么,这种能力也需要长时间的观察与实践才能获得。当然,这种能力绝非雕虫小技,而是一种非常重要的人际交往本领。

不该说的话绝不说

人的一生总会遇到不平之事,受到不公正的对待,有的人会拍案而起,有的人会心怀不满,大发牢骚。这似乎是人的本能,但这么做的结果却并不圆满,有时甚至会引火烧身。他们忘记了一个简单的道理:祸从口出。

一位张姓小姐是某公司的办公室职员,每当同事就某些事情征询她的意见时,她说出的话总是不中听,而且还总是不自觉地揭露他人的不足之处。

有一回,一个同事穿了一件新衣服。其他人都笑着夸赞"衣服漂亮""穿着合适"之类的话语,可是当那位同事询问张小姐时,张小姐不经大脑地脱口而出:"你身材太胖,这衣服不适合你。这种颜色对于你这个年纪的人来说也未免太嫩了。"这句话说出后,原本开开心心聊天的同事们集体不说话了,刚开始赞叹衣服漂亮的人也显得尤为尴尬。

张小姐太"耿直"了,她说的话可能没错,但却是很多人都不爱听的"大实话"。张小姐也曾为自己说话讨人嫌的毛病懊恼不已,然而她就是控制不住自己。时间一长，同事们都不愿意和她交流了，更不会去主动询问她对某件事的意见如何。张小姐自己也感觉自己受到所有同事的排挤，她不知道该怎么办才好。

有些人说话时不懂得掌握分寸，不经大脑脱口而出的话，总是会让人在人际交往中处于不利地位。所以我们一定要谨记，在与人交流的时候，一定不能心直口快，即便是别人说错了话或做错了事情，你想要指正别人时，也要学会委婉一点，用合适的方式来表达自己的观点，从而让人更容易接受。

我们每天都要与不同的人打交道，一定要掌握说话的艺术，什么话可以说或不可以说，要做到心中有数。有时候吃亏，就是因为说了不该说的话。

一个心理成熟、明白社交技巧的人应当知道在什么时候该用什么合适的方式说话办事。实话并非一定要直说，也可以幽默地说、婉转地说抑或延迟点说、私下交流而不是当众说等等。同样是讲实话，用不同的方式描述，效果也会大不一样。与人谈话时要懂得委婉周全，假若口无遮拦、直来直去，往往会造成不良效果；如果学会八面玲珑，则可以使人皆大欢喜。

另外，一定要注意言谈举止。说话有礼貌、态度恭敬的人更容易受人欢迎，而话语粗鄙、对人不敬的人，则令人生厌。与人恭敬，称呼应当恰当，尤其是与陌生人沟通，一定要用合适的称呼交谈，正确、恰当的称呼是对对方的尊重，也是自身修养的体现，有利于双方关系的沟通和发展。

在现代社会，与人交流时，最好多使用礼貌交际语。在需要他人帮助或者麻烦他人时，不管在任何场合，我们最好把"请"字经常挂在嘴边。比如"请留步""请用餐""请问""请原谅""请多多指教""请多多关照"等。在生活中多运用"请"字，会使话语变得有礼貌。

莫伤和气

孟子讲过:"天时不如地利,地利不如人和。"因此,商人总是笑脸迎客,以此达到人脉通畅、生意兴隆的目的。

无论在商海还是在人海中,如果你不想被孤立,就要学会与人相处。为人处世的过程中难免与人发生口舌之争,聪明的人知道以和为贵,尽量避免争论,从而赢得别人的好感。

卡尔·罗吉斯是一名著名的心理学家。在《如何做人》一书中,他曾经这样写道:"我发现了解别人是非常有价值的。或许你们对于我为什么会这样说感到非常奇怪,怀疑我这样做的必要性。然而在我看来,这是非常必要的。当我们在听别人说话的时候,我们所做的就是评估和判断其中的真假,但从来不考虑这些话的深层含义。"

这句话阐述的其实就是人们以自己为中心的表现,人们总是相信自己的做法是对的,所以在日常的生活中,会有各种各样的争论。而那些自认为正确的观点,往往并不成熟也不全面。很多时候,人们重视的往往是那些鸡毛蒜皮的小事情,而忽略了最重要的问题。

卡耐基曾说过:"你赢不了争论。要是输了,当然你就输了;如果赢了,也还是输了。"在争论中,并不产生绝对的败者。因为十之八九的争论结果都只会使双方比以前更相信自己绝对正确,即使认识到了自己的错误,通常也不会在对手面前俯首认输。

当然,并不是说在与人交往的过程中不允许争论,而是在为人处世时,应和和气气,有损别人面子的事情尽量不要做,有损别人面子的话也尽量不要说。

历史人物关羽,相信大家并不陌生。他是一个传奇人物,一辈子战功显赫,但结局却很悲惨,被吕蒙白衣渡江奇袭后方,兵败地失,丢了脑袋。

为什么关羽会有此败呢?其根本原因就是蜀吴联盟破裂,吴主兴兵奇袭荆州。吴蜀联盟之所以会破裂,有着复杂的原因,但与关羽的骄傲有着很大关系。

诸葛亮离开荆州之前,曾对关羽再三叮嘱说:"一定要东联孙吴,北拒曹操。"可是关羽却对此表示不以为然,因为他很看不起东吴的孙权,也因此导致东吴和蜀国的关系一度极其紧张。关羽在荆州驻扎时,孙权也曾派遣诸葛瑾去联姻,即为自己的儿子求娶关羽的女儿,以便加深吴蜀之间的感情,联合抗曹。从各方面来说,这都是一件好事,但关羽自视甚高,认为孙权的儿子简直是"癞蛤蟆想吃天鹅肉",并且出言不逊:"吾虎女安肯嫁犬子乎?"所以联姻失败了。

关羽不仅不嫁女,还出口伤人,一般人受了这般气,也都忍受不下,更何况位高权重的孙权呢？双方的关系自此不再如从前。而关羽的傲慢导致了与盟友关系的破裂，最终葬送了自己的性命。

俗话说："蚊虫遭扇打，只为嘴伤人。"言语尖酸刻薄的人，只图嘴痛快，往往会引来祸事。生意场上，原本没有那么多的矛盾纠葛，往往是因为有人爱逞一时口舌之快，说出伤人不利己的话，伤害了别人自尊，使人下不来台，心中难免压着一股火。等有了机会后反咬一口，也是情理之中的事。因此，只要不是违反根本原则、损害根本利益，万事还是以和为贵，毕竟"人和人脉通"嘛！

北宋政治家韩琦大度容人的事迹，一直传颂到今日。他曾同范仲淹一道推行新政，并长期担任宰相职位。韩琦镇守大名府时，有人送给他两只晶莹剔透、品质上乘的玉杯。韩琦很喜欢这两只玉杯，赠给对方很多银钱作为谢礼。每次韩琦宴请宾客，他都会使用这两只玉杯。一次，大家互相劝酒的时候，一个官员不小心打碎了一只玉杯。当时在场的人都吓坏了，那个不小心打碎玉杯的人更是吓得呆住了，反应过来后更是跪在地上不断地磕头请罪。没想到韩琦却没有生气，他告诉大家没有必要这样，无论什么事物都是有寿命的，这不是人为的错误。然后又劝慰那个趴在地上的官员，让他不要往心里去。此举足以证明韩琦的度量。事情已经发生不可挽回，况且犯错之人又不是故意的，所以他选择了原谅。这样不仅可以缓解紧张气氛，还能为自己日后的工作打下坚实的基础。他得到了大家的尊敬，之后的工作就更好做了。

在谈到韩琦时，元代的吴亮说："韩琦生性淳朴敦厚，气度非凡，对人宽宏大量，从来不会斤斤计较，在任职期间做了很多事情，功绩斐然。但他从不高调，做人谦虚谨慎。如果不幸卷入一些流言蜚语间，他也不会去解释，而是相信事情总会真相大白的。在工作中，如果被重用就会全力以赴；如果得不到重用，就回家颐养天年。"在韩琦的一生中，他虽然有业绩，但这些业绩也引来了很多人的嫉妒，他经常被人"暗算"，处于危险境地，但他总能化险为夷。原因是什么呢？他曾经这样说："人的一生不可能一帆风顺，也不可能一直遂人心意，不论遇到什么事情都要心平气和地去对待，只有这样，才能找到解决事情的方法。不管是君子还是小人，在与他交往的时候一定要坦诚相待。"正是他独特的为人处世之道为自己赢得了美名。

不要把自己的观念强加在别人身上

有一个人想要给马拍照，希望拍出来的马有精神、威武，就像那些威风凛凛的骏马一样。所以，他想把马的四只蹄子都拍进去，而且蹄子必须前后分开，这样拍出来的照片才能看清楚马的四只蹄子。

可是要让马保持这个固定的姿势，谈何容易？每次他把马带到镜头前，马绝对不会自己摆好那个姿势，他只能用力地将马的蹄子放到适当位置，但他的手一放开，它又会移回自己的模样。

这让人大为苦恼。不过他慢慢想明白了，马毕竟不是人，他无法强迫它按照自己的意愿行事。想明白这一点，他改变了自己的方法，先带着马绕着马场走一圈，让它忘记先前的姿势，然后带它到镜头前，看下它此时的站姿。如果仍然不合适，他就会很耐心地带它再去绕圈，一直到它选择的站姿达到自己的要求为止。

我们在跟人打交道的很多时候，也跟给马拍照一样。有时，我们会不自觉地把自己的观念强加给别人，我们总是希望别人能够按照自己的意愿行事。但是，大多数时候，我们会发现，别人的做法与自己的意愿是相对立的。

当你遇到类似问题的时候，请你想想故事中马主人是怎么做的吧！他没有选择继续强迫马按自己的要求摆姿势，而是让马匹随意愿摆出姿势，如果不符合自己的要求，就再给它机会，直到它摆出合适的姿势为止。在跟人交往的过程中，我们也需要这样一种交际方法，我们不要强迫别人去改变他们的本来面目，而是要给别人空间，给彼此一个周旋的机会。如果明白这个道理，那么任何事情都有回旋的余地，都有可能向更好的方向发展。

当别人的想法与自己相悖，不要急于让他们改变，你可以向他们讲一个小故事，让他们先忘记原先的决定，然后你再带他们很人性化地兜兜圈子，最后切入主题，如此再三，一定能达到自己的目的。

在日常工作或生活中，给别人一个回旋的机会，其实也是给自己预留了一次机会。做人，其实就像插秧一样，这棵秧和那棵秧之间必须留有足够的空间，幼苗长大后才有生存和生长的空间；如果秧跟秧之间毫无空间，一棵挨着一棵，那么每棵苗都活不成。

平时我们常说"我们"，这毫不起眼的两个字你有没有注意过呢？虽然仅仅是两个字，但是其含义却甚深。"我们"是包含着至少两个人或两个人以上的群体。那么有一个问题就避无可避：我们该如何相处？

孔子说"过犹不及"，人生在世，做人做事都要讲究一个"度"，人与人之间的距离也都应该有一个大致的尺寸——不能太远，也不能太近。古人训曰："朋友数，斯疏矣。"意思便是如果朋友交往过于密切，没有任何距离了，那么这也是疏远的开始。所以跟朋友之间一定要彼此留有一定的空间，一个不要太大也不要太小的空间。这个法则人人适用，要不那些聪明的人为何总是说"距离产生美"呢？

当你和一个事物隔着一段距离时，你能很清楚地看到它，却也有一点朦胧，总有一些东西是你琢磨不透的，你就会对它抱有好奇心，充满了向往，此刻它就是最美的。相反，你想揭露它的每一丝神秘，那么最后你就会为己所伤。

这就好比一群长满尖刺的豪猪，靠得太近，就会刺痛彼此；而选择一个恰当的距离，在寒冷时节还能彼此取暖。所以，我们平时说话做事不能太绝，凡事网开一面，给别人多留空间，也给自己多准备一个机会。

佛经上讲，人生最佳的状态莫过于"花未全开月未圆"，花全开了就意味着即将凋谢，月儿太过圆满意味着即将缺损了。只有当你的人生处于"花未全开月未圆"时，人们才会有一种期待的喜悦和满怀憧憬的快乐。因此，请在你的朋友、亲人间留有一个充满想象、憧憬和期待的空间。当你跟他人之间的距离恰到好处时，你就会真正享受到人脉带给你的快乐。